MARTINA DARGA **KONFUZIUS**

W0051945

MARTINA
DARGA

KONFUZIUS

DIEDERICHS **KOM PAKT**

Die Deutsche Bibliothek – CIP-Einheitsaufnahme
Darga, Martina:
Konfuzius / Martina Darga. – Kreuzlingen ; München :
Hugendubel, 2001
(Diederichs kompakt)
ISBN 3-7205-2193-1

© Heinrich Hugendubel Verlag, Kreuzlingen / München
2001
Alle Rechte vorbehalten

Umschlaggestaltung: Zembsch' Werkstatt, München
Textredaktion: Loel Zwecker, München
Produktion: Maximiliane Seidl
Satz: EDV-Fotosatz Huber/Verlagsservice G. Pfeifer,
Germering
Druck und Bindung: Huber, Dießen
Printed in Germany

ISBN 3-7205-2193-1

INHALT

Einführung 7

1. KONFUZIUS 9
   Leben 9
      Kindheit und Jugend 9
      Seine Zeit – Geschichtlicher Exkurs 11
      Politische Laufbahn 15
      Auf der Wanderschaft 17
      Lebensabend in Lu 19
   Der Pädagoge 21
      Schule und Schüler 21
      Lernen und Bildung 22
      Lehrstoff 23
      Ein begnadeter Lehrer 24
      Der Lieblingsschüler Yan Hui 26
   Der Mensch 27
      Charakteristisches 27
      Lebensgewohnheiten 30
   Konfuzius und die Musik 32
   Konfuzius und die Religion 33

2. LEHRE 36
   Die Tugenden 36
      Mitmenschlichkeit 36
      Sittlichkeit 38
      Rechtschaffenheit 40
      Weisheit 41
      Vertrauenswürdigkeit 42
      Loyalität 43
      Pietät 43
   Der Edle 44
   Richtigstellung der Namen 46
   Politische Ideale 47
      Das Individuum und die Gesellschaft 47

Wie man ein Land regiert 49
Der ideale Herrscher 51

3. SCHRIFTEN 53
Die konfuzianischen Klassiker 53
Das »Buch der Wandlungen« 54
Das »Buch der Lieder« 55
Das »Buch der Riten« 57
Das »Buch der Urkunden« 57
Die »Frühlings- und Herbstannalen« 58

Die »Gespräche« 59

4. KONFUZIUS' NACHFOLGER 61
Die frühen Konfuzianer 61
Mengzi 61
Xunzi 65
Die Entwicklung des Konfuzianismus bis zum
Ende des 19. Jahrhunderts 67

5. KONFUZIUS IN CHINA UND IM WESTEN 71
Der Meister und die Chinesen 71
Posthumer Ruhm 71
Der Konfuziustempel in Qufu 71
Frühe Kritik an Konfuzius 75
Konfuzius und Laozi 77
Vom Kaiserreich zur Moderne 78
Konfuzius und die westliche Welt 81
Erste Begegnung: Die Jesuiten und Konfuzius . . 82
Konfuzius bei westlichen Dichtern und
Denkern 84

Ausblick 88
Anmerkungen 89
Karte 1: China zur Zeit von Konfuzius 92
Karte 2: China heute 93
Tabelle: Die chinesischen Dynastien 94
Literatur 95
Zur Autorin 96

EINFÜHRUNG

Vor 2500 Jahren begründete Konfuzius eine Lehre, die die Kultur, das Staatswesen und die Gesellschaft Chinas tief greifend prägte. Im Mittelpunkt seiner Lehre steht die Notwendigkeit der moralischen Vervollkommnung des Einzelnen. Dieser Reifungsprozess soll letztlich zu einem harmonischen und geordneten Gemeinschaftsleben führen, das sich im Einklang mit dem Weg des Himmels befindet.

Der Konfuzianismus übte auch auf die Nachbarländer Chinas, etwa Japan, erheblichen Einfluss aus. Die Europäer begegneten Konfuzius zum ersten Mal im 16. Jahrhundert, als die Jesuitenmissionare in China konfuzianische Schriften ins Lateinische übersetzten.

Heute ist Konfuzius beinahe jedem westlichen Menschen ein Begriff. Er versinnbildlicht die traditionelle chinesische Kultur und wird in erster Linie mit weisen Aussprüchen in Verbindung gebracht. »Schon Konfuzius sagte ...«, heißt es neuerdings auch in der Werbung und den Medien. Fast immer werden ihm dabei Worte in den Mund gelegt, die er niemals gesprochen hat. Der Name »Konfuzius« wird für kommerzielle Zwecke genutzt, die Person zuweilen ins Lächerliche gezogen. Dies zeigt eigentlich, wie wenig Konfuzius uns tatsächlich bekannt ist.

Dieses Buch möchte dem Leser Konfuzius und seine Lehre vorstellen und darüber hinaus einen Überblick über die frühen Schriften, die Entwicklung des Konfuzianismus sowie die Auseinandersetzung Chinas und Europas mit Konfuzius geben.

I. KONFUZIUS

LEBEN

DER NAME »KONFUZIUS«

Konfuzius ist die von den Jesuiten eingeführte latinisierte Form von Kong-fuzi, was übersetzt »Meister Kong« bedeutet. Kong ist der Familienname. Konfuzius' persönlicher Name oder Rufname ist Qiu, sein Initiationsname Zhongni. Vor Konfuzius' Geburt betete seine Mutter in einem Schrein auf dem Ni-Hügel um Kindersegen. Als sie einen Sohn bekam, nannte sie ihn Zhongni. Ni bezieht sich auf den Namen des Hügels und Zhong ist »der Zweitgeborene«, denn Konfuzius war der zweite Sohn seines Vaters. Der Rufname Qiu bedeutet »Erdhügel«. Für die Chinesen war und ist Konfuzius jedoch seit jeher Kongzi oder Kongfuzi, »Meister Kong«.

KINDHEIT UND JUGEND

Als Konfuzius geboren wurde, schrieb man in China das 22. Regierungsjahr des Herzogs Xiang von Lu, welches dem Jahr 551 v. Chr. westlicher Zeitrechnung entspricht. Konfuzius' Heimatland war das Fürstentum Lu, ein Gebiet in der heutigen Provinz Shandong. Lu war ein relativ kleiner Staat, gehörte aber zu den kulturell bedeutendsten Stätten des damaligen China.

Es existiert keine authentische Biografie von Konfuzius. Doch zwei wichtige chinesische Quellentexte liefern Informationen über das Leben des Meisters. Der erste ist das »Lunyu«, die »Gespräche«. Dieses Buch stammt aus der Zeit des 4.–3. Jahrhundert v. Chr. Darin werden Fragen und Antworten zwischen Konfuzius und seinen Schülern sowie Aussprüche des Meisters wiedergegeben. Der zweite Quellentext ist das »Shiji«, die »Historischen Aufzeichnungen« von Sima Qian (145–86 v. Chr.). Das »Shiji« enthält die erste ausführliche Biografie des Meisters.[1] Da sie etwa 400 Jahre nach Konfuzius' Tod verfasst wurde, vermischen sich dort mit großer Wahrscheinlichkeit Wirklichkeit und Legende. Dasselbe trifft auf die »Gespräche« zu. Daher sind die Informationen, die wir aus diesen beiden Quellen gewinnen, mit der nötigen Vorsicht zu betrachten.

Väterlicherseits entstammte Konfuzius einer Familie des niederen Adels, die ihre Ahnenreihe bis zu den Königen von Shang zurückführte. Im Jahr 1100 v. Chr. wurden die Shang nach einer etwa 500 Jahre währenden Herrschaft über Zentralchina durch die Zhou gestürzt. Von den neuen Zhou-Königen erhielten sie das Lehen von Song. Konfuzius' Vorfahren gehörten zu den Herzögen von Song. Aufgrund politischer Streitigkeiten oder Intrigen verließen sie Song jedoch und siedelten sich in Lu an.

Shuliang He, Konfuzius' Vater, diente in der Armee von Lu, wo er sich durch Tapferkeit auszeichnete und eine nicht unansehnliche Position erlangte. Er hatte mehrere Töchter mit seiner Hauptfrau und einen körperbehinderten Sohn von seiner Nebenfrau. Weil er sich einen weiteren Sohn wünschte, heiratete er in hohem Alter ein junges Mädchen aus der Familie Yan, die ihm Konfuzius gebar.

Da Shuliang He wenige Jahre nach Konfuzius' Geburt starb, oblag es seiner Mutter, den Lebensunterhalt für die Familie aufzubringen. Diese erhielt ein Stückchen Land, das nur mehr ein Leben in großer Armut ermöglichte. Konfuzius musste deshalb schon früh seinen Teil zur Versorgung der Familie beitragen. Bereits als Kind arbeitete er auf dem Feld und ging fischen oder jagen. In den »Gesprächen« bezeugt er:

> »In meiner Kindheit war ich sehr arm. Daher musste ich viele gewöhnliche Tätigkeiten erlernen.«[2]

Fand Konfuzius dann doch zuweilen die Zeit für kindliche Vergnügungen, so war eine seiner Lieblingsbeschäftigungen, mit verschiedenartigen Schalen Opferzeremonien nachzuspielen. Als seine Mutter starb, war Konfuzius 16 Jahre alt. Er sorgte dafür, dass sie in dem Grab seines Vaters bestattet wurde.

Es steht fest, dass Konfuzius eine fundierte Ausbildung erhalten hat. Neueren Forschungen zufolge

besuchte er drei Jahre lang eine Schule und wurde
überdies von seiner Mutter und seinem Großvater müt-
terlicherseits unterrichtet, die aus einer Gelehrtenfa-
milie stammten. Bei seinem Großvater lebte er sechs
Jahre und erlernte die Sechs Künste, nämlich Rechnen, Schreiben, Bogenschießen, Wagenlenken, Musik
und Riten.[3] Im Alter von 19 Jahren heiratete Konfuzius. Aus der Ehe gingen ein Sohn und eine Tochter
hervor.

SEINE ZEIT – GESCHICHTLICHER EXKURS

Da die Philosophie von Konfuzius, seine politischen und
ethischen Ideale, in engem Zusammenhang mit den ge-
sellschaftlichen und politischen Zuständen seiner Zeit
stehen, lohnt sich ein kurzer Blick auf die damalige Geschichte Chinas.

In der traditionellen chinesischen Chronologie gilt
die Xia-Dynastie (2205–1766 v. Chr.) als die erste Dynastie. Historisch ist sie nicht nachzuweisen, es existieren aber archäologische Funde, die auf eine frühe Kul-
turstufe in der Zeit um 2000 v. Chr. hinweisen. Die erste belegbare Dynastie ist die Shang-Dynastie (1766–
1122 v. Chr.). Die Shang-Könige, die ihren Thron per
Erbrecht weitergaben, herrschten über ein Volk, das
weitgehend vom Ackerbau lebte. Für die Jagd und den
Kriegsdienst waren die Aristokraten zuständig.

DIE KULTUR DER SHANG-DYNASTIE

Charakteristisch für die Kultur der Shang sind Bronzegefäße von vollendeter Schönheit. Die Bronzen wurden zumeist als Opfergefäße verwendet. Weiterhin wurden Keramiken hergestellt, Schnitzereien aus Holz
und Elfenbein sowie Stein- und Jadearbeiten angefertigt, Musikinstrumen-
te gebaut und Seide gewoben.

Religion und Kult spielten in der Shang-Zeit eine wesentliche Rolle.
Dem höchsten Gott Shangdi, den Ahnen und verschiedenen Naturgott-
heiten wurden Opfer dargebracht. Gleichermaßen wichtig waren Weis-
sagungen, die von Priestern mittels Orakelknochen vorgenommen wurden. Auch die Verantwortung für den Kalender oblag den Priestern.

Um 1050 v. Chr. zogen Wen, der Herrscher des kleinen Vasallenstaates Zhou, und sein Sohn Wu gegen den Shang-König in den Krieg und stürzten ihn. Da Wen im Kampf gefallen war, bestieg Wu als erster König der Zhou den Thron. Wen, der von Konfuzius sehr verehrt wurde, ging als »König Wen« in die Geschichte ein. Da die Hauptstadt der Zhou, die Stadt Hao in der Nähe des heutigen Xian, sich im Westen des Landes befand, wird diese Zeit auch Westliche Zhou-Zeit genannt.

Der Beginn der Zhou-Dynastie war eine Zeit der Expansion. Der König teilte das Land in zahlreiche kleine Lehenstaaten ein, die er überwiegend von Mitgliedern seiner Familie regieren ließ. Er selbst vereinte die höchste politische und religiöse Macht in sich und stand allmächtig an der Spitze des Staatenverbandes. Der König verstand sich als der »Sohn des Himmels«. Seine Herrschaft legitimierte er, indem er sie als ein Mandat deklarierte, das ihm der Himmel aufgrund seiner Tugendhaftigkeit übertragen hatte. Als Mittler zwischen dem Himmel, der höchsten Macht, und den Menschen durfte er allein dem Himmel Opfer darbringen. Wie die Shang-Könige gaben auch die Zhou-Könige den Thron erblich weiter.

Die Gesellschaft der Zhou war streng hierarchisch geordnet. Festgelegte Riten regelten das gesamte gesellschaftliche Leben sowie das mitmenschliche Verhalten. Vor allem in Adelskreisen wurde auf die Einhaltung der Sitten und Riten größter Wert gelegt.

Im Laufe der Zeit strebten die Lehnsherren zunehmend nach Macht und begannen, untereinander Kriege zu führen. Zu Beginn der Zhou-Zeit gab es über 1000 Lehen, im 8. Jh. v. Chr. nur noch 170 Kleinstaaten und 403 v. Chr. schließlich nur noch sieben Staaten. Die Zentralgewalt verfiel zusehends, während die Lehnsherren an Macht gewannen.

DAS »REICH DER MITTE«

Die Chinesen nennen ihr Land zhongguo, »Reich der Mitte«. Während der Östlichen Zhou-Zeit war zhongguo die Bezeichnung für die mittleren (zhong) Staaten (guo) des chinesischen Reiches. Obwohl dieser Name nicht bedeutete, dass die Chinesen ihr Land als den Mittelpunkt der Welt sahen, fühlten sie sich dennoch den »Barbaren« der Randgebiete kulturell überlegen.

Im chinesischen Denken symbolisiert die Mitte auch die vollkommene Harmonie, die jeder Mensch in sich verwirklichen sollte. Diese Vervollkommnung seiner selbst zum edlen Menschen gilt im Konfuzianismus als Basis für einen perfekten Staat.

Endgültig büßten die Zhou-Könige ihre politische Macht ein, als König Lu im Jahre 771 v. Chr. von Fremdvölkern ermordet wurde. Sein Nachfolger verlegte die Hauptstadt in Richtung Osten, in die Nähe des heutigen Luoyang. So begann 770 v. Chr. die Östliche Zhou-Zeit, die bis 221 v. Chr. währte, als der Herrscher von Qin das Reich einte. Qin Shihuangdi war der erste Kaiser Chinas.

Die Östliche Zhou-Zeit wird einer traditionellen Einteilung gemäß in zwei Zeiträume gegliedert: Die Frühlings- und Herbstperiode (770–481 v. Chr.), die ihren Namen dem Titel der Geschichtschronik jener Zeit entlehnt, und die Zeit der Streitenden Reiche (481–221 v. Chr.). Konfuzius lebte gegen Ende der Frühlings- und Herbstperiode.

DIE ERSTEN BÜCHER

In der Zhou-Zeit wurden erstmals längere Texte verfasst, wie das »Buch der Wandlungen« (Yijing bzw., anders geschrieben, I Ging) oder das »Buch der Lieder« (Shijing), die bis heute von großer Bedeutung geblieben sind.

Die »Bücher« bestanden aus kleinen Bambustäfelchen, die durch Lederriemen miteinander verbunden waren. Geschrieben wurde, wie noch heute, von oben nach unten. Das »Buch der Wandlungen« soll Konfuzius so eifrig studiert haben, dass die Lederschnüre dreimal rissen.

Politisch gekennzeichnet war die Östliche Zhou-Zeit durch immerwährende Kleinkriege der Staaten untereinander sowie durch die Versuche der Staaten, das Reich gegen Einfälle der Nomaden aus dem Norden zu verteidigen. Die Wirtschaft jedoch florierte, da ein reger Handel aufkam. Der Handel und das Handwerk entstanden damals als zwei neue Wirtschaftszweige, und mit ihnen bildeten sich die Klassen der Händler und der Handwerker.

Die Landwirtschaft war weiterhin die wesentliche Lebensgrundlage. Sie erfuhr einen großen Aufschwung durch das Aufkommen von landwirtschaftlichem Privateigentum, der Verbesserung des Bewässerungssystems und der Herstellung von Geräten aus Eisen.

Inmitten der kriegerischen Wirren, in einer Zeit großer äußerer und innerer Unsicherheit regte sich bei vielen Menschen der Wunsch nach Stabilität. Eine Suche nach Orientierung gewann ebenso Gestalt wie das Bedürfnis nach Harmonie und Frieden. Das Chaos schien ein fruchtbarer Boden für das Aufkeimen unterschiedlicher Denkrichtungen gewesen zu sein. Diese bildeten sich in einer derartigen Vielzahl aus, dass diese Zeit auch die »Zeit der hundert (Philosophen-)Schulen« genannt wird. Es begann die Ära der Wanderphilosophen, die von Staat zu Staat reisten, um den Fürsten ihre Dienste anzubieten. Die damalige, außerordentlich reiche geistige Kultur prägte das gesamte chinesische Denken der Folgezeit.

Auch Konfuzius gehörte zu den Menschen, die wieder Ordnung in das Chaos bringen wollten. Sein Ziel war die Wiederherstellung der ursprünglichen Ordnung, die zu Beginn der Zhou-Dynastie noch geherrscht hatte. Weit mehr als Neues zu entwickeln, war ihm daran gelegen, die alten, bewährten Konzepte wieder lebendig und wirksam werden zu lassen. Er hoffte wohl auch auf ein politisches Amt, das ihm die Möglichkeit gewähren würde, seine Ideen und seine Tatkraft in den Dienst der Menschen zu stellen.

EUROPA ZUR ZEIT VON KONFUZIUS

Im kulturell hoch entwickelten Griechenland begann sich die Demokratie – wortwörtlich die »Herrschaft des Volkes« – zu entfalten. Auf der Basis des Stadtstaates, der Polis, nahm die politische Beteiligung des Volkes zu. Die Volksversammlung gewann an Bedeutung, gleichzeitig trat die Adels- und Heeresversammlung in den Hintergrund. Solon verfasste erste schriftliche Rechtsaufzeichnungen im Jahr 594 v. Chr. Etwa ab 500 v. Chr. stiegen die niederen Schichten der Bauern, Handwerker und Diener sozial und rechtlich auf. Kaufsklaven wurden anstelle der bisherigen Diener eingesetzt.

Die Wirtschaft florierte, und die Geldwirtschaft ersetzte die Natural- und Tauschwirtschaft. Zunächst wurde mit Kupferbarren und -stangen bezahlt, dann mit beidseitig geprägten Münzen.

Die Religion erfuhr einen Wandel »vom Mythos zum Logos (Denken)«. Bisher war sie durch den Glauben an die Götter des Olymp sowie einen Naturglauben bestimmt worden, nun kamen verstärkt Lebensentwürfe auf, die mehr vom Logos geprägt waren. Die Lehre des Thales (gest. 545 v. Chr.) mit ihrer zentralen Frage nach dem Ursprung des Lebens markierte den Beginn der abendländischen Wissenschaft. Zu den bedeutendsten Philosophen gehörten Pythagoras (580–500 v. Chr.), der die Harmonienlehre und die Seelenwanderungslehre entwickelte, sowie Parmenides (540–470 v. Chr.) mit seiner Lehre vom Sein.

In Mittelwesteuropa siedelten seit dem 7. Jh. v. Chr. die Kelten. Etwa 550 v. Chr. gründen sie an den Oberläufen des Rheins und der Donau Burgen. Um diese Zeit standen die Kelten im regen Tauschhandel mit der Mittelmeerwelt. Um 450 v. Chr. brechen sie im Zuge einer allgemeinen Stammes- und Völkerwanderung nach Westen auf. Der früheste Seidenfund in Europa stammt aus einem keltischen Hügelgrab.

POLITISCHE LAUFBAHN

Eine große Karriere als Politiker, in deren Rahmen Konfuzius dauerhaft für seine Ideale hätte arbeiten können, war dem Meister nicht vergönnt. Erst im Alter von 50 Jahren erhielt er nach einer langen politischen Durststrecke gehobenere Posten und somit größere Einflussmöglichkeiten, wenn auch nur für wenige Jahre.

Konfuzius' politische Laufbahn begann mit niederen Beamtenposten in seinem Heimatstaat Lu. Nachdem er einige Zeit als Aufseher in einem Getreidespeicher tätig gewesen war, wurde er zum Oberaufseher über eine Viehherde ernannt. Schließlich erhielt er eine leitende Stellung in der Überwachung von Getreidelieferungen. Diese Tätigkeiten übte er etwa dreißig Jahre lang aus. Möglichkeiten, seine Ideen zur Ordnung des Staates auf breiter Ebene in die Tat umzusetzen, boten ihm diese Ämter jedoch nicht.

Einen Aufschwung nahm Konfuzius' politische Karriere, als ihm der Herzog Ding von Lu die Stelle des Verwaltungschefs der Stadt Zhongdu übertrug. In diesem

Amt bewirkte der inzwischen Fünfzigjährige einiges. Zahlreiche alte Sittenvorschriften führte er wieder ein; er stellte sicher, dass ein jeder genug zu essen hatte, und entließ korrupte Beamte.[4] Danach wurde er zum Bauminister und schließlich zum Justizminister ernannt. Konfuzius stellte die Gerechtigkeit im Land wieder her. Kaum war er drei Monate im Amt, da entfaltete sich auch die Tugendhaftigkeit der Bewohner wieder. Fremde, die in die Stadt kamen, wurden wie Freunde aufgenommen, Diebe legten ihr Handwerk nieder, die Gewichte und Preise für Nahrungsmittel wurden nicht mehr willkürlich bestimmt und Männer und Frauen gingen auf verschiedenen Straßenseiten. So jedenfalls berichten es die »Historischen Aufzeichnungen«.

Die Kunde von der neu entstandenen Ordnung und Moral in Lu drang bis in das benachbarte Fürstentum Qi und rief dort große Besorgnis hervor. Man befürchtete, dass Lu eine Vormachtstellung im gesamten Reich gewinnen würde. Daher wurde am Hof von Qi eine List ersonnen, die Sittlichkeit des Herzogs Ding von Lu zu untergraben. Der Herzog von Qi sandte dem Herzog von Lu ein reizendes Geschenk: die 80 schönsten Mädchen seines Staates in dreißig Wagen, die jeweils von vier prächtigen Pferden gezogen wurden. Lange konnte der Herzog von Lu den Reizen der Mädchen nicht widerstehen, die, in farbenprächtige Gewänder gekleidet, seine Sinne mit entzückenden Tänzen betörten. Von diesem Schauspiel gefangen, hielt er drei Tage lang keine Audienz ab, ließ die Staatsgeschäfte ruhen und erfüllte seine rituelle Pflicht nicht. Als er beim Jahresopfer für den Himmel den Würdenträgern kein Opferfleisch darbot und so auf schwerwiegende Weise gegen die Riten verstieß, legte Konfuzius sein Amt nieder. Dem Hof von Qi war es gelungen, Zwietracht zwischen Herzog Ding und Konfuzius zu säen. Der Politiker, der Lu zur Stabilität verholfen hatte, zog sich zurück.

Konfuzius trennte sich aber nicht nur von Herzog Ding, sondern auch von seinem Heimatland, denn er sah in Lu keine Chance mehr für ein fruchtbares politisches Handeln. Also begab er sich auf Reisen, auf die Suche nach einem tugendhaften Fürsten, der seinen Ideen Gehör schenken würde. 13 Jahre sollte er als Wanderphilosoph unterwegs sein.

AUF DER WANDERSCHAFT

In seiner Heimat hatte Konfuzius bereits begonnen zu unterrichten und einen großen Zulauf an Schülern. Nun reiste er in Begleitung mehrerer Schüler in den Staat Wei. Tatsächlich fand er eine Anstellung am Hofe, wo er ein Amtsgehalt von 60 000 Maß Getreide erhielt, was seinem früheren Gehalt in Lu entsprach. Doch recht bald wurde er verleumdet, weshalb ihn der Herzog ständig überwachen ließ. Daher verließ Konfuzius Wei wieder und machte sich auf den Weg nach Chen.

Ungefährlich war das Reisen damals nicht, wie die folgende Begebenheit zeigt. Als Konfuzius gerade in einem Wagen durch die Stadt Kuang fuhr, deutete einer seiner Schüler auf eine Stelle der Stadtmauer und berichtete ihm, wie er damals mit anderen dort eingedrungen war. Dies hörten einige Bewohner der Stadt und waren sogleich alarmiert. Sie hielten den Meister für den berüchtigten Yang Hu, der in Kuang gewütet hatte, und versperrten ihm den Weg. Mehrere Tage verwehrten sie Konfuzius und seinen Schülern die Weiterfahrt und bedrohten sie sogar mit dem Tod. In der Schülerschar machten sich Unruhe und Furcht breit. Der Meister aber bewahrte sich seine große Zuversicht und sprach:

> »König Wen ist längst gestorben. Ist da nicht die
> Wahrung der Kultur mir anvertraut? Wollte der
> Himmel die Kultur wirklich untergehen lassen, so hätte er deren Wahrung nicht einem Spätgeborenen wie
> mir anvertraut. Wenn der Himmel die Kultur nicht
> untergehen lassen will, was können die Leute von
> Kuang mir schon anhaben?«[5]

Schließlich durfte Konfuzius mit seinen Schülern weiterziehen. Nach einem kurzen Zwischenaufenthalt kehrte er wieder nach Wei zurück. Doch kaum war er dort angekommen, wurde er wieder mit dem Verfall der Sitten am Hofe konfrontiert. Und zwar zwang ihn die Gemahlin der Herzogs, ihr seine Aufwartung zu machen. Konfuzius ging auf die Knie und machte eine tiefe Verbeugung, wie es damals Sitte war. Die edle Dame saß zwar hinter einem Vorhang und war auf diese Weise seinen Blicken verborgen, aber als sie sich ebenfalls tief verbeugte, vernahm der Meister das Geklingel ihres Jadeschmuckes, was für damalige Verhältnisse recht unziemlich gewesen sein muss. Kurz darauf sollte Konfuzius den Herzog und dessen Frau mit einem Eunuchen auf einer pompösen Fahrt durch die Straßen der Stadt begleiten. Er kommentierte diese Ausfahrt mit den Worten: »Noch nie bin ich jemandem begegnet, der die Tugend mehr liebt als die Sinnlichkeit« [6], und zog weiter.

In den kommenden Jahren reiste Konfuzius durch verschiedene Fürstentümer. Die meiste Zeit verbrachte er in Chen und in Wei. Seitens der Fürsten erfuhr er finanzielle Unterstützung, denn sie schätzten seine Kenntnisse und seine Weisheit. Ein Amt aber übertrug ihm niemand.

Man schrieb das Jahr 491 v. Chr., als das Fürstentum Chen angegriffen wurde. Der mächtige Staat Chu eilte Chen zu Hilfe. Konfuzius und seine Schüler befanden sich damals gerade im Grenzgebiet von Chen und Cai. Wie es in den »Historischen Aufzeichnungen« heißt, wollte der Staat Chu Konfuzius in ein Amt berufen. Da Chen und Cai fürchteten, dass Chu dadurch noch mehr Macht gewinnen würde, umzingelten sie Konfuzius auf offenem Felde. Mit der Zeit ging den Eingekesselten die Nahrung aus. Die Schüler waren dem Verhungern nahe und wurden immer schwächer, bis sie sich kaum mehr erheben konnten. Der Meister aber ließ sich nicht entmutigen. Wieder strahlte er tiefe Zuversicht aus und versuchte seine Schüler aufzurichten. Er spielte die Laute, sang und unterrichtete weiter. Denn edle und gewöhnliche Menschen können, wie er sagte, in Bedrängnis geraten, doch der edle ertrage die Notsituation standhaft, während sich der gewöhnliche zu Ausbrüchen hinreißen ließe. [7]

Konfuzius, der wohl wusste, dass seine Schüler nicht nur körperlich geschwächt, sondern angesichts der ausweglosen Lage auch verbittert waren, stellte drei von ihnen auf die Probe. Einzeln ließ er sie vor sich treten und fragte sie, ob sein Weg wohl nicht der rechte Weg sei, wo sie nun doch in eine dermaßen missliche Situation geraten waren. Drei verschiedene Antworten erhielt er, von denen allein die Antwort seines Lieblingsschülers Yan Hui bei ihm auf Anerkennung stieß. Yan Hui sagte:

>Der Weg des Meisters ist von solcher Größe, dass die Welt ihn nicht in sich aufnehmen kann. Dennoch solltet Ihr auf ihm immer weiter voranschreiten. Er wird nicht aufgenommen – wie könnte man darüber betrübt sein. Er wird nicht aufgenommen – gerade darin wird der Edle sichtbar. Wenn wir uns nicht gemäß des rechten Weges vervollkommnen, dann ist dies eine Schande für uns. Haben wir uns aber gemäß des rechten Weges in hohem Maß vervollkommnet, aber kein Staat nimmt uns in seinen Dienst, dann ist dies eine Schande für die Herrscher der Staaten.
Er [der Weg] wird nicht aufgenommen – wie könnte man darüber betrübt sein. Er wird nicht aufgenommen – gerade darin wird der Edle sichtbar.«[8]

Es gelang Konfuzius, einen seiner Schüler nach Chu zu schicken. Auf schnellstem Wege wurde Hilfe gewährt, und die Truppen von Chu befreiten die Eingekesselten. Konfuzius und seine Schüler setzten ihre Reise und die Suche nach einem tugendhaften Fürsten fort.

LEBENSABEND IN LU

Während Konfuzius sich noch auf der Wanderschaft befand, war sein Schüler Rang Qiu nach Lu beordert worden, wo er inzwischen als Oberbefehlshaber der Armee einen Sieg über Qi errungen hatte. Auf die Fürsprache von Rang Qiu hin wurde der Meister nach Lu zurückgeholt, doch ein Amt wurde ihm nicht übertragen. Konfuzius war damals 67 Jahre alt.

Konfuzius bedauerte, dass nirgendwo ein tugendhafter Herrscher zu finden war, in dessen Dienst er sich hätte stellen können. Doch das Gelingen seines Lebens maß er nicht an seinen Ämtern, sondern an seiner inneren Entwicklung. Er sagte:

>Mit fünfzehn richtete ich meinen Willen auf das Lernen. Mit dreißig war ich gefestigt. Mit vierzig hatte ich keine Zweifel mehr. Mit fünfzig kannte ich den Willen des Himmels. Mit sechzig hatte ich ein feines Gehör [das Wahre vom Falschen zu unterscheiden]. Mit siebzig konnte ich den Wünschen des Herzens folgen, ohne das rechte Maß zu überschreiten.<[9]

Die Jahre, die ihm noch verblieben, nutzte Meister Kong, seine Schüler zu unterrichten und die klassischen Schriften zu überarbeiten. Es waren schwere Jahre für ihn, denn sein Sohn Boyu und seine Schüler Zilu und Yan Hui starben.

Aus den »Historischen Aufzeichnungen« erfahren wir, dass Konfuzius plötzlich erkrankte. Als ihn sein Schüler Zigong besuchte, fragte der Meister ihn, warum er so spät komme. Unter Tränen erwiderte Zigong: »Ein großer Berg stürzt. Ein First bricht. Ein Weiser vergeht.« Daraufhin berichtete Konfuzius Zigong von einem Traum aus der Nacht zuvor, der auf seinen Tod hindeutete. Er starb sieben Tage später, im Jahr 479 v. Chr., chinesischer Zeitrechnung nach im vierten Monat des 16. Regierungsjahres des Herzogs Ai von Lu. Konfuzius war 72 Jahre alt geworden.

Nach seiner Beerdigung bauten sich seine Schüler kleine Hütten in der Nähe des Grabes und trauerten drei Jahre lang um ihren Meister, als wäre er ihr Vater gewesen. Damals war es Brauch, beim Tod der Eltern eine dreijährige Trauerzeit einzuhalten und sich für diese Zeit aus dem öffentlichen Leben zurückzuziehen. Nach Beendigung der Trauer sagten die Schüler einander Lebewohl und zogen in ihre Heimat. Beim Abschied weinten sie noch immer über den großen Verlust. Der Schüler Zigong blieb drei weitere Jahre in seiner Hütte am Grab seines Meisters, bevor er sich auf den Heimweg begab.

Konfuzius' Leben

551	Konfuzius wird in Lu geboren
549	Tod des Vaters
535	Tod der Mutter
533	Heirat
532–502	Verschiedene kleinere Beamtenposten in Lu
ab ca. 520	Beginn der Lehrtätigkeit
501	Verwaltungschef der Stadt Zhongdu
500–497	Bauminister, Justizminister in Lu
497–484	Wanderschaft durch die Fürstentümer, Suche nach einem idealen Herrscher
484	Rückkehr nach Lu
484–479	Lehrtätigkeit und Überarbeitung klassischer Schriften
479	Konfuzius stirbt in Lu

DER PÄDAGOGE

SCHULE UND SCHÜLER

Während der Westlichen Zhou-Zeit gab es öffentliche Schulen, deren Besuch allerdings Adligen vorbehalten war. Zur Zeit von Konfuzius waren diese Schulen im Verfall begriffen. Viele Gebildete begannen, ihre Dienste privat anzubieten. Doch allein Konfuzius gewann recht bald eine riesige Schülerschar. Er soll 3000 Schüler gehabt haben. Mit der Lehrtätigkeit begann er im Alter von etwa dreißig Jahren.

Bildung durfte seiner Ansicht nach nicht der Oberschicht vorbehalten werden. Unabhängig von sozialer Stellung und materiellem Reichtum nahm er jeden als Schüler auf, der wirklich bereit war zu lernen und ihm mindestens zehn Streifen Dörrfleisch übergab, wie es einem guten Schüler entsprach. Dieses bescheidene Honorar aufzubringen war damals wohl jedem möglich. Allerdings musste sich ein Schüler eifrig um das Wissen bemühen, damit Konfuzius ihn anleitete. Und er musste seinen Wissensdurst durch Fragen kundtun, um eine Antwort zu erhalten. Wichtig war es dem Lehrer auch, dass der Schüler in der Lage war, den Lehrstoff zu erfassen. In dieser Hinsicht wurde folgender Ausspruch von Konfuzius bekannt:

> »Wenn ich jemandem eine Ecke zeige und er kann es nicht auf die drei anderen Ecken übertragen, dann wiederhole ich es nicht.«[10]

Ob ein Schüler dabei eine langsame oder schnelle Auffassungsgabe besaß, erschien ihm jedoch unerheblich, solange er nur eifrig studierte und sich sehr bemühte.

LERNEN UND BILDUNG

Das Lernen war für Konfuzius von außerordentlicher Wichtigkeit. Wie er von sich selbst sagte, war auch er nicht jemand, dem das Wissen schon von Geburt an mitgegeben worden war, aber er bemühe sich sehr, das alte Wissen zu verstehen.[11] Lernen verstand er als einen lebenslangen Prozess, dem man sich mit ganzem Herzen widmen sollte. Einen seiner Grundsätze formulierte er folgendermaßen:

> »Lerne, als könntest du das Wissen nie erreichen und als fürchtetest du, es wieder zu verlieren.«[12]

Konfuzius vermittelte seinen Schülern aber nicht nur theoretisches und praktisches Wissen, sondern ebenso eine Lebenshaltung. Bildung schloss seiner Ansicht nach eine Charakterbildung mit ein, die letztlich zur wahren Mitmenschlichkeit führen sollte. Wissen und Lernen galten ihm als eine Basis für die Selbstvervollkommnung, und die Selbstvervollkommnung hatte absolute Priorität. Das Erlernte war nur von Wert, sofern es in die Praxis umgesetzt wurde. Wissen und Handeln sollten unmittelbar miteinander verbunden werden. Dem Meister war nicht daran gelegen, etwa eine theoretische Lehre der Tugenden zu überliefern, sondern das Verständnis für die Tugenden zu erwecken sowie die Fähigkeit, diese Tugenden zu leben. Und wie folgendes Zitat zeigt, nahmen auch einige Schüler die Umsetzung der Lehren in die Tat sehr ernst.

»Wenn Zilu etwas gehört hatte, es aber noch nicht ausführen konnte, dann fürchtete er sich davor, Neues zu hören.«[13]

Wie das Wissen und Handeln sollten sich auch das Reden und Handeln in Einklang befinden. Konfuzius lehrte, dass man sich die Einschätzung von Mitmenschen sowie Menschenkenntnis durch die Beobachtung ihrer Worte und Taten zu Eigen macht. Wichtiger als das Reden war gleichwohl das Handeln. Dieses sollte auf Wissen basieren und wohl überlegt, aber nicht zu bedacht sein.

Ji Wenzi bedachte alles dreimal, und dann erst handelte er. Der Meister hörte davon und sprach: »Zweimal genügt.«[14]

Das pädagogische Ziel von Konfuzius bestand darin, seinen Schülern zu helfen, edle Menschen zu werden. Die Bildung des eigenen Charakters durfte aber nicht aus egoistischen Gründen vollzogen werden. Vielmehr betrachtete Konfuzius sie in enger Verbindung mit einer Verantwortung für die Gemeinschaft. Die erworbenen Fähigkeiten sollten seine Schüler in den Dienst der Gemeinschaft stellen, allerdings erst dann, wenn sie wirklich in der Lage waren, anderen Menschen ein Vorbild zu sein.

LEHRSTOFF

Meister Kong übernahm den Lehrstoff der Schulen zu Beginn der Zhou-Zeit. Wie in den Gesprächen geschrieben steht, lehrte er vier Dinge: die Künste, rechtes Verhalten, Loyalität und Verlässlichkeit.[15]

Die Künste umfassten das Bogenschießen, das Wagenlenken, das Rechnen, das Schreiben, die Riten und die Musik. Bogenschießen und Wagenlenken waren zeremonielle Künste der Adligen, die auch in ritualisierten Wettbewerben ausgeführt wurden. Wer nach einem Amt im Staatsdienst strebte, musste unbedingt des Rechnens und Schreibens kundig sein. Die Kenntnis der Schrift diente ebenso dem Studium der klassischen Texte, deren Lektüre Konfuzius seinen Schülern ans Herz legte. Das umfangreiche System der überlieferten Riten und Sitten zu beherrschen erachtete Konfuzius als äußerst wichtig, wie wir später noch genauer sehen werden. Die Musik schließlich war eine Kunst, die Konfuzius sehr liebte und die in seinen Augen den Charakter bildete.

Zum rechten Verhalten gehörten die Liebe zu den Eltern, Freundlichkeit gegenüber den Brüdern, Liebe zu Blutsverwandten, gute Beziehungen mit angeheirateten Verwandten, Mitgefühl mit Unglücklichen und Treue in Freundschaften. Loyalität und Verlässlichkeit gehörten zu den Tugenden, die im Konfuzianismus als erstrebenswert galten. Die Loyalität bezog sich auf das Verhalten und die Einstellung dem Herrscher oder einem Vorgesetzten gegenüber, die Verlässlichkeit auf den Einklang zwischen Reden und Handeln.

Aus dem Curriculum lässt sich ersehen, dass Konfuzius eine umfassende Bildung seiner Schüler anstrebte, die Körper, Geist und Gefühl einbezog. Zum einen wollte er Kenntnisse, Fertigkeiten und Werte lehren, zum anderen die Schüler hinsichtlich ihrer eigenen moralischen Entwicklung fördern.

EIN BEGNADETER LEHRER

Der Einfluss, der Konfuzius als Politiker versagt blieb, war ihm umso mehr als Lehrer beschieden. Was er seinen Schülern vermittelte, wurde von Generation zu Generation überliefert und hat die Kultur Chinas im Innersten geprägt. Sicherlich hoffte Konfuzius auch, seine Schüler würden einmal das erreichen, was ihm nicht gelang, nämlich kraft eines politischen Amtes die Ordnung und Harmonie im Land wieder herzustellen.

Konfuzius selbst beschreibt einen geeigneten Lehrer folgendermaßen:

>»Wer das Alte übt und gleichzeitig Neues erkennt, der vermag anderen ein Lehrer zu sein.«[16]

Seine Schüler förderte der Meister bestmöglich, äußerst geduldig und sehr individuell. Er war sich der Tatsache bewusst, dass jeder Schüler einen eigenen Charakter, spezifische Stärken und Schwächen hatte. So stimmte er seine Anleitungen und Antworten auf den jeweiligen Menschen ab. Als er einmal Zilu und Rang Qiu auf dieselbe Frage unterschiedliche Antworten gab, fragte ihn Gong Xihua nach dem Grund. Konfuzius antwortete:

»Ran Qiu ist zurückhaltend. Darum spornte ich ihn an. Zilu prescht gerne nach vorne, darum hielt ich ihn zurück.«[17]

Mündliche Unterweisungen sowie Gespräche, die zumeist nach dem klar strukturierten Prinzip von Frage und Antwort geführt wurden, machten einen großen Teil von Konfuzius' Belehrungen aus.

Konfuzius war der Meister und der Ältere. Wie es früher üblich war, zollten ihm seine Schüler daher Respekt und waren in ihren Äußerungen ihm gegenüber sehr zurückhaltend. Zuweilen aber wurden einige Schüler durch Konfuzius zu Diskussionen ermuntert und direkt aufgefordert, sich völlig frei zu bestimmten Themen zu äußern.

Wenn er mit anderen Menschen zusammen sei, befände sich sicherlich sein Lehrer unter ihnen, sagte der Meister einmal.[18] Damit wollte er zum Ausdruck bringen, dass jeder Mensch von allen anderen und in jeder Situation etwas lernen kann. Das Gute des anderen kann er übernehmen, das Schlechte des anderen in sich selbst erkennen und ausmerzen. Gerade die Fähigkeit, zeitlebens Schüler zu bleiben und in seinem Lernen nie still zu stehen, zeichnet einen Meister wie Konfuzius aus.

Sehr wichtig war es für Konfuzius, durch sein eigenes vorbildliches Verhalten und Dasein ein ebensolches in seinen Schülern zu erwecken. Von der Tugend sagte er einmal, dass sie nicht allein bleibt, sondern ganz gewiss Gefährten findet.[19]

Tugendhaftigkeit war für ihn demnach wie ein Magnet: Wirkt ein Mensch tugendhaft, so ruft er in anderen dasselbe Verhalten hervor. Als außerordentliche Vorbilder für Tugendhaftigkeit und rechtes Verhalten führte er seinen Schülern gerne ehrenwerte Männer aus der Geschichte vor Augen, mit Vorliebe die legendären tugendhaften Herrscher des einstigen goldenen Zeitalters, Yao, Shun und Yu, oder die Begründer der Zhou-Dynastie, König Wen, König Wu und den Herzog von Zhou.

Natürlich wünschte sich Konfuzius, dass auch seine Schüler einmal Vorbilder für die Welt werden würden. In allen Lebenslagen ermunterte er sie, Wissen zu erwerben und ihren Charakter zu schulen. Konfuzius' Ideale waren sehr hoch. Sie völlig zu verwirklichen war wohl keinem seiner Schüler möglich. Dem Ideal am nächsten kam ein junger Mann, der in seiner Mustergültigkeit alle anderen überragte.

DER LIEBLINGSSCHÜLER YAN HUI

Zwar unterrichtete Konfuzius jeden, der willig war zu lernen, einem Schüler jedoch war der Meister besonders zugetan. Es war Yan Hui, über den er immer wieder großes Lob zum Ausdruck brachte. Yan Huis unermüdliches Lernen und Tugendhaftigkeit pries er ebenso wie seinen Frohsinn und seine Bescheidenheit.

Auf die Frage von Herzog Ai, wer von seinen Schülern sich durch Fleiß und Lernen besonders auszeichnete, antwortete Konfuzius:

»Es war Yan Hui. Er liebte das Lernen. Seinen Ärger ließ er nicht an anderen aus, und er machte keinen Fehler zweimal. Unglücklicherweise hatte er nur ein kurzes Leben. Nun ist er tot, und ich habe nie von einem anderen gehört, der das Lernen genauso liebte.«[20]

Dass Yan Hui auch unter schwierigen Bedingungen guten Mutes blieb, war in den Augen des Meisters ein Zeichen vollkommener Tugendhaftigkeit:

»Wie mustergültig Yan Hui doch war! Ein Schälchen Reis und eine Kürbisflasche Wasser, in einer armseligen Straße seine Wohnstatt – kein anderer Mensch würde ein solches Ungemach aushalten, doch Yan Hui bewahrte seinen Frohsinn. Wie mustergültig Yan Hui doch war!«[21]

Als Yan Hui in jungen Jahren starb, war Konfuzius in tiefstem Herzen betrübt und weinte vor Schmerz. Die anderen Schüler äußerten dem Meister gegenüber, dass er in seinem Schmerz wohl zu weit gehe. Konfuzius aber sprach:

>»Ich wehklage zu viel? Wenn ich diesen Mann nicht beweine, wen sollte ich dann beweinen?«[22] Und er rief aus: »Wehe mir! Der Himmel hat mich verlassen. Der Himmel hat mich verlassen.«[23]

Keinem anderen Schüler brachte Konfuzius jemals wieder eine solche Wertschätzung entgegen wie Yan Hui, der in seinen Augen einen sehr hohen Grad an Vervollkommnung erreicht hatte.

> Der Meister wandte sich an Zigong: »Du oder Yanhui, wer ist weiter gekommen?«
> Zigong entgegnete: »Wie könnte ich es wagen, mich mit Yan Hui zu vergleichen! Wenn Yan Hui einen Aspekt einer Sache vernommen hat, kann er diese völlig erkennen. Habe ich dagegen einen Aspekt vernommen, kann ich wohl nur zwei Aspekte erkennen.«
> Der Meister erwiderte: »Du bist ihm nicht ebenbürtig. Wir beide sind ihm nicht ebenbürtig.«[24]

DER MENSCH

CHARAKTERISTISCHES

In den »Historischen Aufzeichnungen« heißt es, dass Konfuzius von großer Statur war. Er maß neun Ellen und sechs Zoll, eine Größe, die bei anderen Menschen Verwunderung hervorrief und ihm den Namen »der Lange« eintrug.

Zahlreiche Passagen der »Gespräche« bringen zum Ausdruck, welchen Charakter der Meister hatte, wie er sein Leben gestaltete und wie er sich in unterschiedlichen Situationen verhielt. Zu beachten ist, dass die »Gespräche« von Konfuzius' Schülern niedergeschrieben wurden, die ihren Meister sehr verehrten und ihn daher sicherlich mit anderen Augen sahen, als Außenstehende oder Kritiker. Vielleicht gewinnen wir aus diesem Text kein authentisches Bild von dem Menschen Konfuzius, so doch ein sehr anschauliches, das lange Zeit in China lebendig gewesen ist.

Wie wir bereits gesehen haben, war Konfuzius von dem Wunsch beseelt, die Menschen in ihrer inneren Entwicklung zu führen, um auf diese Weise die Ordnung im Staat wieder herzustellen. Hinsichtlich dieser Mission zeigte er sich als ein zuversichtlicher, ausdauernder und leidenschaftlicher Mensch. Jedoch war diese Leidenschaft innerlich und manifestierte sich nicht in überschwänglichen Taten, wird der Meister doch als sanfter, aber gleichsam strenger, als ruhiger und besonnener Mensch charakterisiert.[25]

Strenge ließ Konfuzius nicht nur anderen Menschen gegenüber walten, sondern ebenso sich selbst gegenüber. Vorurteile, Egoismus, Dogmatismus und Starrsinn duldete er nicht. Einer seiner Grundsätze war, nicht etwas von anderen zu verlangen, sei es eine innere Haltung oder eine Handlung, was er selbst einzunehmen oder auszuführen nicht in der Lage war. Konfuzius war in gewissem Sinne ein Moralist, aber ein Moralist, der sich selbst an seine Prinzipien hielt.

Vorbild für die Menschen wollte er sein. Und dies bedeutete für ihn, ständig an sich selbst zu arbeiten, stets dazuzulernen und eigene Fehler einzusehen. Lernen konnte Konfuzius in jeder Situation und von jedem Menschen. Sah er bei jemandem einen Fehler, so fühlte er sich angespornt, ebendiesen in sich selbst auszubessern. Er war froh, wenn jemand bei ihm einen Fehler entdeckte und ihn darauf aufmerksam machte, denn das half ihm, sich weiter zu vervollkommnen.

Aber er zögerte auch nicht, seine Schüler auf Fehler hinzuweisen. Dies tat er entweder sehr direkt oder auch humorvoll, wie die folgende Begebenheit zeigt:

> Zigong hatte die Angewohnheit, andere Menschen zu kritisieren. Der Meister sprach: »Wie mustergültig du schon sein musst! Ich habe keine Zeit für so etwas.«[26]

Wichtiger, als andere zu beurteilen oder zu verurteilen, war es für Konfuzius offensichtlich, die Zeit dafür zu nutzen, sich selbst zu verbessern. Immer wieder betonte er die Einhaltung bestimmter Verhaltensnormen, zu denen auch der Respekt und die Ehrerbietung Älteren gegenüber gehört. Niemals jedoch stellte er Verhaltensrichtlinien über die Mitmenschlichkeit. Wenn es die Situation erforderte, brach er die Regeln sogar.

> Traf der Meister Menschen in Trauerkleidung, Menschen in zeremoniellen Gewändern oder Blinde, dann erhob er sich immer, auch wenn sie jünger waren als er. Begegnete er ihnen unterwegs, so eilte er auf sie zu.[27]

Sein Mitgefühl Trauernden gegenüber zeigt seine tiefe Verbundenheit mit allen Menschen, eine innere Haltung, aus der ein bestimmtes, der jeweiligen Situation angemessenes Verhalten entsprang. Wenn der Meister an einem Tag geweint hatte, dann sang er an demselben Tag nicht mehr.

Besonders am Herzen lag ihm soziale Gerechtigkeit. Wie wir bereits gesehen haben, ließ er seine Lehren allen Interessierten zuteil werden, ungeachtet deren sozialer Stellung. Auch plädierte er nachdrücklich dafür, Menschen in Not zu helfen und nicht Reiche noch reicher zu machen. Dafür zu sorgen, dass alle Menschen Nahrung erhalten, war in seinen Augen eine der wichtigsten Aufgaben eines guten Herrschers.

Konfuzius war dem Bogenschießen sehr zugetan, auch fischte er gerne. Doch auf Vögel, die sich niedergelassen hatten, schoss er nicht, und niemals fischte er mit einem Netz, sondern immer mit einer Angel. Er ließ den Tieren eine Chance.

Darf man den »Historischen Aufzeichnungen« Glauben schenken, so war Konfuzius kein zimperlicher Mensch, wenn es bei wichtigen politischen Anlässen um die Wahrung des vorgeschriebenen Zeremoniells ging. Als bei einer bedeutenden Zusammenkunft der Herzöge von Lu und Qin oder Herzog von Qin zunächst »barbarische«, mit Waffen hantierende und mit Federn geschmückte Trommler und dann Possenreißer aus dem Volk auftreten ließ, sah Konfuzius darin einen argen Verstoß gegen die Riten dieses freundschaftlichen Zusammentreffens. Vehement griff er ein und forderte schwerste Bestrafung für die Schausteller, denen daraufhin Hände und Füße abgehackt wurden.

Ungeachtet dieses für den heutigen Menschen ungewohnten Rechtsempfindens und unverhältnismäßig harten Strafmaßes strahlte Konfuzius große Würde aus. Seine Ansichten tat er auch im Gespräch mit Höherstehenden offen kund, mit behutsamen Worten, aber dennoch bestimmt. Die Amtsgeschäfte erfüllte er mit großer Gewissenhaftigkeit. Zwar ließ er auch dort Strenge walten, doch verhielt er sich anderen Menschen gegenüber niemals schroff. Die Beschreibungen von Konfuzius zeigen, dass er selbst in den Augen seiner Nachfolger das Ideal eines edlen Menschen vollkommen verkörperte.

LEBENSGEWOHNHEITEN

Das zehnte Kapitel der »Gespräche« gewährt einen Einblick in Konfuzius' Lebensgewohnheiten. Auch dort lernen wir den Meister als einem gemäßigten, höflichen und respektvollen Menschen kennen, dessen Leben von verschiedenen Regeln geprägt war.

Beim Essen und Trinken war er sehr maßvoll und wahrte bestimmte Prinzipien. Speisen, die schlecht zubereitet oder verdorben waren, aß er nicht. Auch rührte er keine Gerichte an, die nicht der Jahreszeit entsprachen oder schlecht rochen. Immer nahm er vom Fleisch die gleiche Menge wie vom Reis, nicht mehr. Reis und klein geschnittenes Fleisch aß er wohl sehr gerne, und der Ingwer durfte bei keinem Essen auf dem Tisch fehlen. Wenn er Wein trank, verhielt er sich zwar weniger zurückhaltend als beim Essen, aber niemals betrank er sich.

War Konfuzius beim Fürsten zum Essen eingeladen, so kostete er die Speisen, bevor er sie den anderen austeilte. Wenn er als Gast zu Tisch saß, stand er stets auf, um eine Würdigung des Gastgebers auszusprechen. Zu Hause hatte er die Gewohnheit, immer einen Teil der Mahlzeiten als Speiseopfer darzubringen. Beim Essen redete der Meister niemals, und ebenso dann nicht, wenn er zu Bett ging. Während der Fastenzeit verzichtete Konfuzius auf Fleisch und Wein und trug nur saubere Kleidung aus Leinen.

Seine Kleidung ließ er sich eigens anfertigen. Die Gewänder bestanden aus Leinen und Fellen. Farben und Materialien stimmte er aufeinander ab: Das Lammfell trug er zu einem schwarzen Gewand, das Rehfell zu einem weißen und das Fuchsfell zu einem gelben. Gewöhnlich trug der Meister auch Jadeschmuck, den er aber während Trauerzeiten ablegte.

Da Konfuzius von vielen Menschen verehrt wurde, bekam er oftmals Geschenke. Doch nur, wenn er Opferfleisch erhielt, verbeugte er sich. War das Opferfleisch roh, so ließ er es kochen, bevor er es darbot. Wenn er ein lebendiges Tier geschenkt bekam, schlachtete er es nicht, sondern ließ es am Leben. Trauernden zollte der Meister stets besondere Ehrerbietung, auch wenn er sie nicht persönlich kannte. Fuhr er zum Beispiel in seinem Wagen aus und begegnete auf dem Weg einem Trauerzug, dann senkte er seinen Kopf. Wenn einer seiner Freunde starb, der keine Angehörigen mehr hatte, richtete Konfuzius selbst das Begräbnis aus, um ihm diese letzte Ehre zu erweisen.

Als ein Symbol für eine aufrechte innere Haltung und rechte Lebensführung kann die Matte betrachtet werden, auf der Konfuzius saß. War diese nicht gerade gerückt, so nahm der Meister nicht Platz.

KONFUZIUS UND DIE MUSIK

Als feinsinniger Mensch war Konfuzius den schönen Künsten sehr verbunden. Die Musik liebte er besonders. Einst sagte er:

> »[Ein Mensch wird] Durch die Lieder [d. h. durch die Gedichte im Buch der Lieder] gefühlsmäßig erhoben, durch die Riten gefestigt und durch die Musik vervollkommnet.«[28]

Wie seine Schüler berichteten, bot der Meister in Stunden der Muße den Anblick eines friedvollen und frohgelaunten Menschen. Möglicherweise saß er in diesen Stunden in einem Hain, spielte seine Laute und sang dazu. Hörte er jemanden eine Melodie singen, die ihm gefiel, so ließ er sie sich ein zweites Mal vorsingen, um dann selber mit einzustimmen.

Das Verhältnis von Konfuzius zur Musik lässt sich am anschaulichsten an einer Begebenheit verdeutlichen, die in den »Historischen Aufzeichnungen« erwähnt wird.

Konfuzius lernte, Laute zu spielen, und übte zehn Tage lang hintereinander dasselbe Stück. Als ihm sein Lehrer anbot, nun mit etwas Neuem zu beginnen, erwiderte er, dass er zwar die Melodie beherrsche, das Verhältnis der Töne zueinander aber noch nicht verstünde. Nach einiger Zeit forderte der Lehrer ihn abermals auf, ein weiteres Stück zu lernen, da er ja nun die Tonverhältnisse begriffen habe. Doch Konfuzius meinte, noch habe er die Absicht hinter dem Lied nicht erfasst. Nachdem wieder geraume Zeit vergangen war, drängte sein Lehrer, im Unterricht doch endlich fortzuschreiten. Konfuzius aber wollte auch den Menschen erkennen, der sich in diesem Stück offenbarte. Und es dauerte nicht lange bis Konfuzius sprach:

> »Nun habe erkannt, welcher Mann es ist. Er ist tiefgründig in seinen Gedanken, ein Mann von großer Statur, sein Blick ist wie der [tiefe Blick] eines Schafes in die Weite gerichtet. Ein König über das ganze Reich – wenn das nicht König Wen ist, wer könnte es sonst sein!«[29]

Daraufhin verbeugte sich der Lautenlehrer vor Konfuzius und bestätigte ihm, dass dieses Stück das Lautenlied von König Wen sei.

KONFUZIUS UND DIE RELIGION

Konfuzius gründete nicht wie sein Zeitgenosse Buddha eine Religion. Ausdrücklich legte er den Schwerpunkt seiner Lehre auf das Menschliche und die diesseitige Welt. Über religiöse und spirituelle Themen oder das Jenseits sprach er nur sehr selten.

Eine seiner Aussagen über den Ahnenkult und den Tod macht seine ausgeprägte Ausrichtung auf das Diesseits sehr klar.

> Zilu fragte, wie man den Geistern dienen solle. Der Meister sprach: »Wer nicht Menschen dienen kann, wie könnte der den Geistern dienen?«
> Zilu sagte: »Darf ich nach dem Tod fragen?«
> Der Meister sprach: »Wer nicht das Leben kennt, wie kann der den Tod kennen?«[30]

ELIAS CANETTI ÜBER KONFUZIUS:

Ich kenne keinen Weisen, der den Tod so ernst nahm wie Konfuzius. Auf Fragen nach dem Tod verweigert er die Antwort. »Wenn man noch nicht das Leben kennt, wie sollte man den Tod kennen.« Ein Satz, der angemessener wäre, ist über diesen Gegenstand nie ausgesprochen worden. Er weiß sehr wohl, dass alle solche Fragen einer Zeit nach dem Tode gelten. Jede Antwort darauf setzt sich mit einem Sprung über den Tod hinweg, und er selber wie seine Unbegreiflichkeit werden dadurch eskamotiert. Wenn nachher etwas ist, so wie vorher etwas war, dann verliert der Tod als solcher sein Gewicht. Zu diesem unwürdigsten aller Taschenspielerstücke gibt Konfuzius sich nicht her. Er sagt nicht, dass nachher nichts ist, er kann es nicht wissen. [...] So bleibt das Leben ganz, was es ist, und auch der Tod bleibt intakt, sie sind nicht austauschbar, nicht vergleichbar, sie mischen sich nicht, sie bleiben verschieden.[31]

Konfuzius erkannte an, dass es etwas gibt, was über das Menschliche hinausreicht. Für ihn war dies der Himmel, der seinerzeit als die oberste ordnende und ethische Macht verstanden wurde, die auch in den Lauf der Geschichte eingreift. Konfuzius achtete die damaligen religiösen Kulte, wie den Himmels- und den Ahnenkult, und die mit ihnen verbundenen Zeremonien und Opferungen sehr. An den Himmel wurden auch Gebete gerichtet, und wie Konfuzius feststellte, werden die Gebete desjenigen nicht mehr erhört, der sich dem Himmel gegenüber schuldig gemacht hat.

Als der Meister einmal schwer krank war, wollte sein Schüler Zilu für ihn beten. Ob dies denn von Bedeutung sei, wurde Zilu vom Meister gefragt. Er bejahte die Frage und wies Konfuzius auf ein bestimmtes Gebet hin. Konfuzius erwiderte, er habe schon lange gebetet.[32]

Die Tatsache, dass Konfuzius betete, dass er inbrünstig Ahnenopfer sowie religiöses Fasten vollzog, zeigt, dass er die damalige Religion nicht nur anerkannte, sondern auch selbst praktizierte. Von einem ausgeprägten Götter- und Geisterglauben hielt er nichts. Götter und Geister sollte man seiner Meinung nach zwar ehren, sich aber grundsätzlich von ihnen fern halten. Den Himmel betrachtete er als die höchste Autorität, den Weg des Himmels zu erkennen als Aufgabe des Menschen. Die Erkenntnis des Weges war für ihn etwas Außerordentliches:

>Wer morgens des Weges [des Himmels] gewahr geworden ist, der kann abends getrost sterben.«[33]

Die Anschauungen der Wissenschaftler über die Religiosität des Konfuzianismus gingen und gehen weit auseinander. Es bestehen zwei unterschiedliche Interpretationen der Lehre von Konfuzius und des Konfuzianismus: Eine deutet sie als grundsätzlich religiös, die andere als nicht religiös.[34]

Religiöse Spekulationen lagen Konfuzius fern. Aber es existierte für ihn ein Bezugspunkt, der über die Menschenwelt hinausreicht. Unserer Anschauung nach ist seine Lehre keine Religion, beschreibt aber einen Lebensweg, der eine gewisse religiöse Dimension in sich

birgt. Sie beinhaltet eine Lebensweise und Lebensweisheit, die über die Charakterbildung des Einzelnen zu einer harmonischen und friedlichen Gesellschaft führen
soll, die sich im Einklang mit dem Weg des Himmels befindet.

2. LEHRE

DIE TUGENDEN

Die Tugend ist ein zentrales Konzept in der Lehre von Konfuzius. Mitmenschlichkeit, Sittlichkeit, Rechtschaffenheit, Weisheit und Vertrauenswürdigkeit sind die fünf konfuzianischen Kardinaltugenden. Darüber hinaus zeichnet sich der edle Mensch durch Loyalität und Pietät aus.

Konfuzius war der Ansicht, dass die Tugenden erlernt und vervollkommnet werden können, und zwar von jedem Menschen, weshalb prinzipiell auch jeder Mensch durch seine eigene Bemühung ein edler Mensch werden kann. Der Mensch ist demnach unvollkommen und muss erst lernen, ein wirklicher Mensch zu werden. Wer die Tugenden in sich vollendet hat und sie in seinem Handeln sichtbar werden lässt, ist ein »Edler«.

MITMENSCHLICHKEIT

Die höchste Tugend und gleichzeitig die Grundlage aller anderen Tugenden ist die Mitmenschlichkeit. Für wie bedeutend Konfuzius das Verständnis der Mitmenschlichkeit erachtete, ist schon daran zu sehen, dass er diese Tugend über einhundertmal in den »Gesprächen« erwähnte. Die Wichtigkeit der Mitmenschlichkeit stellte er sogar über das Leben:

> Der Meister sprach: »Ein Mensch mit festem Willen und Mitmenschlichkeit würde nicht sein Leben retten, wenn er dadurch die Mitmenschlichkeit verletzen sollte. Er würde sein Leben opfern, um die Mitmenschlichkeit zu bewahren.«[35]

REN, DIE MITMENSCHLICHKEIT 仁
Das chinesische Schriftzeichen für Mitmenschlichkeit 仁 wird ren ausgesprochen. Es besteht aus dem Zeichen für »Mensch« 人 und dem Zei-

chen für »zwei« $=$. Schon in der Zeit vor Konfuzius war ren ein gebräuchliches Wort, und zwar in der Bedeutung von »gut« oder »gütig«. Durch Konfuzius wurde ren die Bezeichnung für eine Tugend, die im Deutschen meist durch die Begriffe »Menschlichkeit«, »Güte« oder auch »Menschenliebe« wiedergegeben wird. Da das Zeichen zum Ausdruck bringt, dass es sich um eine Qualität handelt, die zwischen Menschen schwingt, um eine tiefe menschliche Verbundenheit, erscheint die Übersetzung »Mitmenschlichkeit« am treffendsten.[36]

In den »Gesprächen« wird die Mitmenschlichkeit als »Liebe zu den Menschen« definiert.[37] Mitmenschlichkeit schließt böses oder schlechtes Handeln gegenüber anderen ebenso aus wie Rachegefühle, Prahlerei oder Eroberungssucht. Vielmehr äußert sie sich in Verhaltensweisen wie Höflichkeit oder Verlässlichkeit, aber auch im Bestreben, anderen Menschen bei der Entwicklung ihrer eigenen Tugendhaftigkeit beizustehen. Ein Mensch der Güte oder Mitmenschlichkeit ist nicht auf seinen eigenen Vorteil bedacht. Deshalb zieht er sich zurück, wenn aus einer Situation Nutzen zu ziehen ist, und überlässt diesen anderen. Wenn jedoch eine Schwierigkeit auftritt, ist er der Erste, der sie zu meistern versucht.

Als Grundlage eines mitmenschlichen Verhaltens gilt die Selbstbildung, die Entwicklung der Tugend in einem selbst. Das bedeutet auch, Meister über sich selbst zu werden und die hohen Werte der Tugenden über die eigenen, persönlichen Wünsche zu stellen. Denn nur dann vermag man anderen Menschen mit Güte zu begegnen.

In einer Gemeinschaft mitmenschlich zu handeln, heißt zudem, die Sitten und Riten zu befolgen, damit die vom Himmel vorhergesehene Harmonie und Ordnung gewährleistet werden kann. Ein zentraler Verhaltensgrundsatz in der Lehre von Konfuzius ist die »goldene Regel«.

Zigong fragte: »Gibt es ein Wort, das während des gesamten Lebens für das Handeln gilt?«
Der Meister entgegnete: »Gegenseitige Rücksichtnahme. Was du dir selbst nicht wünschst, füge auch anderen Menschen nicht zu.«[38]

Das chinesische Wort, das Konfuzius als Richtlinie für das Handeln, als die goldene Regel angibt, heißt shu. Es wird auch mit den Begriffen »Einfühlungsvermögen«, »gegenseitiges Verstehen«, »Gegenseitigkeit« oder »Fairness« wiedergegeben. Das Zeichen für shu ist aus zwei Komponenten zusammengesetzt: dem Zeichen für »Herz« und dem Zeichen für »gleich (sein)«. Hieraus wird deutlich, dass dieses Wort sich auf ein Einstimmen auf das Herz des anderen bezieht oder auf einen Gleichklang zweier Herzen. Es hat etwas damit zu tun, sich selber zu verstehen, sich in andere Menschen einfühlen zu können und Rücksicht auf sie zu nehmen. Als Handlungsmaxime ergibt sich daraus, anderen nichts anzutun, was man im Inneren für sich selbst nicht wünscht.

Die Mitmenschlichkeit gilt als der höchste Wert. Und Konfuzius klagte darüber, dass die Menschen sich nicht um sie bemühen, obwohl ein jeder die Fähigkeit dazu hat.

> Der Meister sprach: »Ich bin noch niemandem begegnet, der die Mitmenschlichkeit wirklich liebt, und niemandem, der die Unmenschlichkeit wirklich verabscheut. Wer die Mitmenschlichkeit liebt, erachtet nichts für höher. Wer die Unmenschlichkeit wirklich verabscheut, handelt der Mitmenschlichkeit gemäß und hält sich von dem fern, was nicht der Mitmenschlichkeit entspricht.
>
> Gibt es Menschen, die in der Lage sind, ihre Kraft einen Tag lang für die Mitmenschlichkeit einzusetzen? Ich kenne keinen, dessen Kraft nicht ausreichend wäre. Nun, es gibt wohl welche, begegnet bin ich jedoch noch niemandem.«[39]

SITTLICHKEIT

Zur Tugend der Sittlichkeit gehört die Befolgung der Sitten und Riten. Im alten China war in vielen Lebenssituationen ein bestimmtes Verhalten oder Zeremoniell vorgeschrieben.

Das chinesische Schriftzeichen für diese Tugend heißt li und setzt sich aus dem Zeichen für »Opferschale« und dem Zeichen für »den Göttern opfern« zusammen. Es bezieht sich einerseits auf festgelegte Riten bei Opferhandlungen und Zeremonien wie Geburten, Hochzeiten und Begräbnissen, andererseits auf die Sitten des Alltagslebens und ist in dieser Hinsicht als anständiges Verhalten zu verstehen. Ein Beispiel hierfür ist die Vorschrift, dass Frauen und Männer nicht auf der gleichen Straßenseite gehen durften.

Die Sitten und Riten dienten dazu, das gemeinschaftliche Leben zu regeln und die Ordnung der Gesellschaft aufrechtzuerhalten. Konfuzius wollte die traditionellen Riten und Sitten, die seinerzeit im Verfall begriffen waren, wieder fest begründen. Der Sittenkodex war für die einzelnen sozialen Gruppen unterschiedlich, und ein jeder hatte sich seinem Rang gemäß zu verhalten. Die Sitten stützten demnach die gesellschaftliche Hierarchie, die auf den folgenden »fünf Beziehungen« basierte: Herrscher–Untertan, Vater–Sohn, älterer Bruder–jüngerer Bruder, Mann–Frau und Freund–Freund. Konfuzius war der Ansicht, nur ein hierarchisch wohl geordneter Staat könne gut funktionieren.

ÜBER DIE SITTE

Wenn zwei Fürsten sich treffen, so machen sie eine Verbeugung, lassen sich gegenseitig den Vortritt und treten dann ein. Wenn sie durch das Tor gehen, erhebt sich die Musik der Klangsteine und Glocken. Nach abermaligen Verbeugungen und einander den Vortritt lassend, steigen sie zur Halle empor. Sind sie zur Halle emporgestiegen, hört die Musik auf. (...)

Dann werden die Tafelgeräte aufgestellt und die Zeremonien und die Musik in der richtigen Reihenfolge angeordnet und die Beamten vollzählig aufgestellt. An diesen Vorbereitungen erkennt der Edle die Güte des Gastgebers.

(Schulgespräche[40])

Generell verstand er die Sitten als ein Element, das wesentlich zum Frieden und zur Harmonie eines Staates beiträgt. Denn da sittliches Verhalten im engen Zusammenhang mit einer guten moralischen Haltung steht, schließt es unmoralisches Verhalten aus.

Das feste Gefüge der Sitten lieferte den Menschen zwar ein stabiles Gerüst, ließ ihnen jedoch kaum die Freiheit, ihr Verhalten selbst zu bestimmen. Übertretungen der Sitten griff Konfuzius scharf an, wie wir bereits an dem Beispiel der Schausteller gesehen haben, die für ihr sittenwidriges Verhalten schwer bestraft wurden. Allerdings wird in den »Gesprächen« ebenfalls dargestellt, dass Konfuzius die Mitmenschlichkeit über die Sittlichkeit stellte, sofern es die Situation erforderte.

Konfuzius' beharrliches Festhalten an den Sitten und Riten mag uns heute als kleingeistig erscheinen oder als etwas sehr Künstliches. Doch darf man nicht vergessen, dass viele Riten als heilig galten und Konfuzius der Ansicht war, sie seien den Menschen vom Himmel gesandt. Darüber hinaus verstand er sie nicht als Richtlinien, die man nur äußerlich zu befolgen hatte, sondern er wünschte sich, dass die Menschen auch den eigentlichen Sinn der Riten und Sitten erfassen und die ihnen entsprechende innere Haltung entwickeln.

> Der Meister sprach: »Ach, die Riten, die Riten! Sie sind wohl nicht mehr als Jade und Seide!«[41]

Anscheinend waren die Riten und Sitten damals oft nur noch leere Formen. Diese Formen wieder mit dem Leben zu erfüllen, das einem Verständnis des Wesens der Sitten und Riten entspringt und eine innere, gefühlsmäßige Entsprechung hat, war Konfuzius' Anliegen.

RECHTSCHAFFENHEIT

Auch die Rechtschaffenheit ist eine Tugend, die mit spezifischen Verhaltensweisen verbunden ist. Um die Rechtschaffenheit zu charakterisieren, stellte Konfuzius sie dem Verlangen nach Nutzen oder nach eigenem Vorteil gegenüber.

> Der Meister sprach: »Dem Edlen ist die Rechtschaffenheit vertraut, dem gewöhnlichen Menschen der eigene Vorteil.«[42]

Rechtschaffenheit tut sich in einem moralisch korrekten Verhalten kund, das Konfuzius allerdings nicht näher bestimmte. Offensichtlich ist es aber ein Verhalten, das nicht von persönlichen Beweggründen, sondern von höheren Werten geleitet wird. Die Rechtschaffenheit bewegt sich im Raum der Mitmenschlichkeit und der Sittlichkeit und ist von der Sittlichkeit nicht scharf abzugrenzen. Rechtschaffen zu sein bedeutet auch, in den unterschiedlichen Lebenssituationen das Richtige zu tun, frei von eigenen Vorlieben oder Abneigungen. Rechtschaffenes Handeln erfordert Objektivität anstelle subjektiver Voreingenommenheit.

> Der Meister sprach: »Der Edle steht der Welt ohne Zustimmung und ohne Ablehnung gegenüber. Es ist die Rechtschaffenheit, an die er sich hält.«[43]

WEISHEIT

Die Tugend der Weisheit steht in enger Beziehung mit dem Lernen im konfuzianischen Sinne. Weisheit bedeutet Wissen und Charakterbildung, wobei der Charakterbildung das größere Gewicht zukommt. Ein weiser Mensch ist darüber hinaus derjenige, der seine Einstellung und sein Verhalten immer wieder überprüft.

Ein weiteres Merkmal der Weisheit ist der richtige Umgang mit dem Wissen, den Konfuzius in einer Belehrung Zilu gegenüber folgendermaßen charakterisierte:

> »Wisse um das, was du weißt. Gib nicht das als Wissen aus, was du nicht weißt. Das ist Weisheit.«[44]

Hier sei angemerkt, dass Weisheit und Wissen im Chinesischen mit demselben Schriftzeichen ausgedrückt werden können, wie es in diesem Zitat der Fall ist.

Mit der Tapferkeit und der Mitmenschlichkeit gehört die Weisheit zu den drei Erfordernissen des Lebensweges eines edlen Menschen:

Der Meister sprach: »Zum Weg des Edlen gehören drei Dinge, die ich nicht vermag: Ein Mensch der Mitmenschlichkeit ohne Kummer zu sein, ein Wissender ohne Zweifel, ein Tapferer ohne Furcht.«[45]

VERTRAUENSWÜRDIGKEIT

Wie wir bereits gesehen haben, war die Übereinstimmung von Reden und Handeln für Konfuzius überaus wichtig. Die Tugend der Vertrauenswürdigkeit ist in diesem Zusammenhang sowie in enger Verbindung mit der Aufrichtigkeit zu sehen. Das chinesische Zeichen für xin, die »Vertrauenswürdigkeit«, besteht aus dem Zeichen für »Mensch« und dem Zeichen für »Wort«. Einem Menschen, der das nicht tut, was er sagt, kann man nicht vertrauen. Wer dagegen seinen Worten auch die entsprechenden (guten) Taten folgen lässt, ist ein Mensch, der des Vertrauens würdig ist. Worte allerdings sollen mit Bedacht gewählt werden, was bedeutet, niemals etwas zu sagen, was man nicht auch tun kann.

Konfuzius betrachtete die Vertrauenswürdigkeit als eine wesentliche Bedingung für ein gut funktionierendes Leben.

Der Meister sprach: »Ich begreife nicht, wie ein Mensch ohne Vertrauenswürdigkeit bestehen kann. Das wäre wie ein großer Wagen ohne Joch, wie ein kleiner Wagen ohne Deichsel. Wie könnte er überhaupt fahren?«[46]

Er stellte die Bedeutung der Vertrauenswürdigkeit vor allem in der Beziehung zwischen Freunden und zwischen dem Herrscher und dem Volk heraus. In beiden Fällen musste durch ein entsprechendes Verhalten das Vertrauen erworben werden. Ein Herrscher sollte dem Volk immer Vorbild sein, damit sich die Menschen auf ihn verlassen können. Ohne das Vertrauen der Menschen könne keine Herrschaft dauerhaft bestehen, sagte Konfuzius.

LOYALITÄT

Die Loyalität ist eine Eigenschaft, die Konfuzius gegenüber dem Herrscher oder einem Vorgesetzten forderte. Loyal sein bedeutete in seinen Augen, einem tugendhaften Menschen, der dem rechten Weg gemäß handelt, die Treue zu halten. Wenn der Herrscher oder der Vorgesetzte jedoch vom rechten Weg abwich, so sah es Konfuzius als ein Zeichen der Loyalität an, ihn offen zu kritisieren und hinsichtlich seiner Moral zu belehren. Insofern war Loyalität für ihn nicht blinder Gehorsam, sondern eine Eigenschaft, die im Vertrauen gründete, sich in der Pflichterfüllung zeigte und gleichzeitig einen kritischen Verstand erforderte.

PIETÄT

Die Tugend der Pietät betrifft die Beziehung der Kinder zu ihren Eltern. Sie basiert auf der Liebe zu den Eltern, ist durch Achtung und Ehrerbietung geprägt und mit Pflichten verbunden.

> Ziyou fragte nach der Pietät.
> Der Meister sprach: »Heutzutage bedeutet Pietät, die Eltern zu ernähren. Selbst Hunde und Pferde ernährt man! Wenn man keine Ehrerbietung [den Eltern gegenüber] hat, worin unterscheiden diese sich dann [von Hunden und Pferden]?«[47]

Die Eltern sind die Menschen, die ihre Kinder großziehen und viele Jahre für sie sorgen. Im alten China wurde es als die Pflicht der Kinder angesehen, für die Eltern zu sorgen, wenn diese alt waren. Und wie Konfuzius feststellte, betrifft diese Fürsorge nicht nur die körperlichen Bedürfnisse, sie sollte von tiefer Achtung geprägt sein.

Das Verhalten der Kinder ihren Eltern gegenüber war durch Regeln bestimmt. Auch beim Begräbnis und nach dem Tod sollten die vorgeschriebenen Riten befolgt werden. Ein Beispiel ist die dreijährige Trauerzeit, für deren Einhaltung Konfuzius unter allen Umständen eintrat. Das gesamte pietätvolle Betragen gegenüber den Eltern verstand Konfuzius als ein natürliches Anliegen und einen Ausdruck tiefer Dankbarkeit.

DER EDLE

Einen Menschen, der alle Tugenden zur Vollkommenheit gebracht hat, nannte Konfuzius einen »Edlen«. Der chinesische Begriff junzi bedeutete ursprünglich »Sohn des Herrschers« und wurde zur Zeit von Konfuzius als Bezeichnung für Adlige verwendet. Konfuzius war der Erste, der mit dem Wort junzi einen tugendhaften Menschen bezeichnete. Der Gegenpart des »Edlen« ist der »gewöhnliche Mensch«, der »Gemeine« oder, wie es wörtlich heißt, der »kleine Mensch«. Da er im Gegensatz zur hohen Gesinnung des Edlen zumeist eine niedrige Gesinnung aufweist, ist in deutschen Übersetzungen auch der Begriff »der Niedriggesinnte« zu finden.

Prinzipiell kann jeder Mensch ein Edler werden, materielle Reichtümer oder eine gehobene soziale Stellung sind für diesen Weg nicht erforderlich. Ebensowenig muss sich der Mensch in ein Kloster oder eine Einsiedelei zurückziehen. Der konfuzianische Weg findet mitten im Alltagsleben statt. Unbedingt erforderlich sind jedoch hingebungsvolles Lernen, eine präzise Selbsteinschätzung, Charakterbildung, Selbstvervollkommnung sowie die Beachtung verschiedener Regeln und Riten.

Wer ist nun ein edler Mensch? Zunächst zeichnet einen Edlen aus, dass er dem geistigen Vorrang vor dem körperlichen Wohlbefinden gibt, sich dem Wesentlichen widmet, bedacht spricht und das Leben anderer tugendhafter Menschen zu seinem eigenen Maßstab nimmt.

Der Meister sprach: »Der Edle sucht beim Essen keine Sattheit, beim Wohnen keine Bequemlichkeit; er ist umsichtig im Handeln, bedächtig im Sprechen; er richtet sich nach jenen, die den rechten Weg gehen. Von ihm kann man wohl sagen, dass er das Lernen liebt.«[48]

Der Edle erwirbt Wissen, aber er häuft es nicht unkritisch an, sondern reflektiert es. Sein Verhältnis zur Sprache ist besonderer Natur. Er wägt die Worte ab, bevor er sie äußert. Seine Worte und seine Taten befinden sich in Einklang, das heißt, er handelt seinen Worten entsprechend. Einem Wort entsprechend handeln bedeutet, den inneren Sinn des Wortes erfüllen. So verweist das Wort »Sohn« etwa auf die Ausübung der Pietät den Eltern gegenüber. Wenn ein Mensch schöne Worte macht, so heißt dies noch lange nicht, dass er deswegen ein besonders guter Mensch ist. Benutzen Menschen Worte und erfüllen ihren inneren Sinn nicht, so liegt dies nicht an den Worten. Daher sagte Konfuzius:

> »Der Edle erhöht die Menschen nicht aufgrund ihrer Worte, und er verwirft nicht die Worte wegen der Menschen.«[49]

Ein edler Mensch hat Mitgefühl mit anderen und ist weitherzig, aber bindet sich nicht an sie und bleibt gelassen. Eine seiner Hauptaufgaben ist, anderen dabei zu helfen, in sich selbst die Tugenden zu entwickeln.

Außerdem zeichnet er sich durch moralische Integrität, Unbestechlichkeit und Unparteilichkeit aus. Versucht ein Mensch ihm zu gefallen, so ruft dies bei ihm nur Missfallen hervor. Gefallen findet er nur an denen, die sich auf dem rechten Weg des Himmels befinden, der der allein gültige Maßstab ist.

Ein edler Mensch ist frei von Betrübnis und Furcht. Diese emotionale Freiheit erwächst einer Selbstprüfung, bei der er keinen Makel in seinem innersten Wesen findet und es daher für ihn keinen Grund zur Betrübnis und Furcht gibt. Er ist würdevoll aus seiner Person heraus, dabei aber niemals überheblich, weshalb ihm andere Menschen gerne dienen.

Im Grunde aber dient der Edle seinen Mitmenschen. Denn er vervollkommnet sich nicht aus einem Selbstzweck heraus, sondern um seine Tugend dem Volk zur Verfügung zu stellen und ihm Frieden und Harmonie zu bringen.

Zilu fragte den Meister nach dem Edlen.
Der Meister sprach: »Er vervollkommnet sich selbst, um ehrerbietig zu werden.«
»Ist dies genug?« fragte Zilu.
Der Meister sprach: »Er vervollkommnet sich selbst, um den Menschen Frieden zu bringen.«
»Ist dies genug?« fragte Zilu.
Der Meister sprach: » Er vervollkommnet sich selbst, um dem Volk Frieden zu bringen. Sich selbst zu vervollkommnen, um dem Volk Frieden zu bringen, das war sogar für [die weisen Herrscher] Yao und Shun schwierig.«[50]

Ehre gewinnt der Edle aufgrund seines Verhaltens und seiner Weisheit, nicht weil er darum buhlt. In seiner Mitmenschlichkeit ist er mit allen anderen Menschen verbunden, ohne von ihnen abhängig zu sein. Seine Tugendhaftigkeit strahlt auf andere Menschen in seiner Umgebung aus, denen er Vorbild wird für ihre innere Haltung und ihr Verhalten.

RICHTIGSTELLUNG DER NAMEN

Als Zilu seinen Meister fragte, was er als Erstes tun würde, wenn man ihm die Regierung anvertraute, antwortete dieser: »Unbedingt die Namen richtig stellen.«[51]

Mit »Namen« sind Wörter oder Bezeichnungen gemeint. Jedes Wort hat eine bestimmte Bedeutung, die das Wesen des Wortes ausmacht und der eine spezifische Wirklichkeit entspricht. Wie wir schon gesehen haben, sind mit dem Wort »Sohn« etwa die Liebe zu den Eltern und gewisse Pflichten ihnen gegenüber verbunden.

Konfuzius lebte in einer Zeit des sozialen und politischen Umbruchs. Die damalige Krise führte er auch darauf zurück, dass die Wirklichkeit nicht mehr mit dem Wesen der Worte in Einklang stand. Dabei bezog er sich insbesondere auf Worte, die ethische oder soziale Prinzipien zum Ausdruck bringen. Er wollte die »Namen richtig stellen«, was bedeutete, die Übereinstimmung zwischen Wortbedeutung und Wirklichkeit wieder herzustellen.

> Herzog Jing von Qi fragte Konfuzius nach dem Regieren.
> Der Meister erwiderte: »Der Herrscher sei ein Herr-
> scher, der Untertan ein Untertan, der Vater ein Vater,
> der Sohn ein Sohn.«[52]

Mit der Richtigstellung der Namen geht einher, die
überlieferten und nach Konfuzius altbewährten Normen
wieder einzuführen. Gültige und allgemein anerkannte
Normen in der Gesellschaft sollten den Menschen ein
Gerüst für ihr Verhalten geben und so zum geordneten
und harmonischen Zusammenleben beitragen. Ein jeder
hatte seine spezifischen Pflichten und Rechte wahrzu-
nehmen. So sollte etwa derjenige, der den Namen
»Herrscher« trägt, nicht auf irgendeine Weise das Land
regieren, sondern sich darum bemühen, dem Ideal des
Herrschers gerecht zu werden, das die Herrscher des
»goldenen Zeitalters« versinnbildlichten.

POLITISCHE IDEALE

Konfuzius strebte die Wiederherstellung eines Zustan-
des von Harmonie und Frieden im Staat an. An der Spitze des Staates sollte ein edler Herrscher stehen, der dem
ganzen Volk Beispiel ist und es mittels seiner Tugenden
regiert. Nicht die individuellen Interessen waren wichtig, sondern die Harmonie der Gemeinschaft. Es lag an
jedem Einzelnen, seinen Teil dazu beizutragen, indem er
zum Beispiel anderen mit Mitmenschlichkeit begegnete
oder die Riten befolgte.

DAS INDIVIDUUM UND DIE GESELLSCHAFT

Es wurde bereits angesprochen, für wie wichtig Konfuzius es erachtete, dass jeder Mensch seinen Charakter bildet, um dem Gemeinwohl dienen zu können.

Das Individuum ist ein Spiegelbild der Gruppe, zu
der es gehört. Und umgekehrt spiegelt die Gemeinschaft
die Schwächen und Stärken seiner einzelnen Mitglieder
wider.

Der Meister sprach: »Die Fehler der Menschen entsprechen [denen] der Gemeinschaft. Betrachtet man ihre Fehler, erkennt man die Art ihrer Mitmenschlichkeit.«[53]

Die Instabilität eines Staates, die in ihm herrschende Ungerechtigkeit, Unfreiheit oder Tugendlosigkeit beruhen nicht auf einem mangelhaften politischen Konzept oder fehlender Gesetzgebung. Vielmehr ist das Ungenügen im Charakter einzelner Menschen und des Herrschers zu suchen. Geordnet wird ein Staat demnach nicht durch die Schaffung von Gesetzen, sondern durch die individuelle Charakterbildung.

Ji Kangzi war über das Räuberunwesen in Unruhe und befragte Konfuzius darüber. Der Meister sprach: »Wenn ihr selbst ohne Begehren wäret, dann würde niemand mehr rauben, selbst wenn man ihn dafür belohnte.«[54]

Die primäre Aufgabe des Herrschers ist es, Vorbild zu sein. Je mehr ein Herrscher die Tugenden in sich selbst verwirklicht und in seinem täglichen Handeln lebt, desto harmonischer und geordneter wird der Staat sein. Denn vorbildliches tugendhaftes Verhalten wirkt magnetisch. Verhält sich ein Mensch edel, so folgen seinem Beispiel sicherlich andere.

Der Meister sprach: »Die Tugend bleibt nicht allein. Mit Sicherheit findet sie Nachbarschaft.«[55]

Dass die Tugendhaftigkeit eines Herrschers unmittelbaren Einfluss auf den Charakter und das Verhalten der Menschen seines Landes hat, betrachtete Konfuzius als ein Naturgesetz. Als ihn Ji Kangzi einmal fragte, ob der rechte Weg unterstützt werden könne, wenn man diejenigen Menschen hinrichtet, die nicht nach dem rechten Weg handeln, antwortete er:

»Müßt Ihr töten, um zu regieren? Wenn Ihr nach dem Guten strebt, dann wird wohl auch das Volk gut. Die Tugend eines Edlen ist wie der Wind, die Tugend

des gewöhnlichen Menschen wie das Gras. Das Gras
beugt sich gewiss dem Wind, der darüber hinweg-
streicht.«[56]

Um eine positive Veränderung in der Gesellschaft oder
im Staat hervorzubringen, ist die Bemühung jedes Einzelnen gefordert, vor allem die des Herrschers. Unerlässlich für ein gutes Gemeinwesen ist, dass die Menschen an ihrer eigenen inneren Haltung arbeiten und
besser werden. Insofern spielt die persönliche Verantwortung eine wesentliche Rolle. Gesetze und Verord-
nungen, so sozial sie auch sein mögen, sind in Konfuzius' Lehre zweitrangig.

WIE MAN EIN LAND REGIERT

Konfuzius hatte eine politische Vision. Er wollte die Zustände des goldenen Zeitalters, in dem es tugendhafte
Herrscher gab, die Regierung an den Fähigsten weiter-
gegeben wurde und das Volk in Frieden und Harmonie
lebte, in der Gegenwart und für die Zukunft wieder er-
schaffen. Dieser Vision widmete er sein Leben. Die hohen politischen Ideen des Meisters blieben Ideale, verwirklicht wurden sie im Laufe der chinesischen Geschichte niemals. Gewiss sind einige Ideen auf die
spezifischen Situationen der damaligen Zeit zugeschnit-
ten. Andere dagegen sind zeitlos. Trotz ihres Idealismus
oder vielleicht gerade wegen ihre hohen Ideale sind sie
es wert, auch heute noch in Augenschein genommen und
überdacht zu werden.

Mehrmals wurde Konfuzius von seinen Schülern gefragt, was die Grundlagen einer guten Regierung seien.
Aus seinen Antworten können mehrere wesentliche Aspekte herausgearbeitet werden.

Zunächst muss dafür gesorgt werden, dass jeder
Mensch genügend Nahrung erhält. Außerdem soll die
Armee schlagkräftig sein und das Volk Vertrauen in die
Regierung haben. Den letzten Punkt betrachtete Konfu-
zius als den wichtigsten, denn wie er sagte, könne kein
Staat ohne das Vertrauen des Volkes bestehen. Das Ver-

trauen des Volkes beruht, wie wir gesehen haben, auf der Vertrauenswürdigkeit oder Verlässlichkeit des Herrschers. Die Menschen glücklich zu machen gehört ebenfalls zu einer guten Regierung, wobei dieses Glück allerdings von Konfuzius nicht näher bestimmt wurde.

Eine wesentliche Grundlage eines geordneten Staates ist die Entwicklung des Gewissens jedes einzelnen Menschen. Ordnung lässt sich nicht durch Strafen und Vorschriften schaffen, denn die Menschen versuchen nur, diesen zu entgehen. Ein eigenes Verständnis sowie ein Gefühl für das Falsche und Richtige entwickeln sie nicht, indem man ihnen von oben eine Moral überstülpt. Möglicherweise unterlassen sie bestimmte Handlungen aus Angst vor der Strafe, aber ein eigenes Gewissen bildet sich dann nicht in ihnen. Konfuzius plädierte dafür, das Volk durch Tugend zu lenken, da die Menschen auf diese Weise Gewissen und Charakterstärke erwerben.

Konfuzius war klar, dass sich die gegebenen Zustände in einem Staat nicht von heute auf morgen verändern lassen. Um die Ordnung wieder herzustellen, sei Zeit vonnöten, wenigstens ein Menschenleben, sagte er.[57] Er sprach nicht nur mit den Fürsten, sondern auch mit seinen Schülern von seinen Anschauungen über eine gute Regierung und die erforderlichen Qualitäten für ein Amt.

> Der Meister sprach: »Wenn jemand [ein Amt] durch sein Wissen erreicht, es aber nicht mit Mitmenschlichkeit ausübt, der wird sicher verlieren, was er erlangt hat. Wenn er es durch sein Wissen erreicht und mit Mitmenschlichkeit ausübt, aber nicht mit Würde ausübt, dann wird das Volk ihn nicht respektieren. Wenn er es durch sein Wissen erreicht, mit Mitmenschlichkeit ausübt und Würde zeigt, sich aber nicht im Rahmen der Riten bewegt, dann ist er noch nicht gut.«[58]

Auf diese Weise pflanzte Konfuzius Samen, die bei einigen Schülern, die später Ämter im Staatsdienst erlangten, sicherlich aufgingen.

DER IDEALE HERRSCHER

In einer Zeit, in der die Thronfolge durch das Erbrecht geregelt wurde, plädierte Konfuzius dafür, einen Herrscher aufgrund seiner Tugenden auszuwählen. Der Herrscher sollte dem Volk Vorbild sein und es zur Entfaltung der eigenen Tugenden animieren.

Daher war es für einen Herrscher unerlässlich, stets auf seine eigene Vervollkommnung zu achten. Denn niemand kann in anderen eine Tugend entwickeln, die er nicht in sich selbst verwirklicht hat. Jeder weiß, dass etwa eine Mutter ihrem Kind die Bedeutung von Rücksichtnahme nicht glaubhaft machen kann, wenn sie selbst rücksichtslos ist. Eltern sind Vorbilder für ihre Kinder, und die Kinder übernehmen intuitiv die Einstellungen und Handlungen der Eltern. Die Beziehung zwischen Eltern und Kindern ist ein gutes Beispiel dafür, wie Konfuzius das Verhältnis eines Edlen zu seinen Mitmenschen oder das eines Herrschers zum Volk sieht. Einen Staat gut regieren kann allein der Mensch, der selbst tugendhaft ist.

> Der Meister sprach: »Wer sich selbst gerade richten kann, wie sollte der nicht die Regierung ausführen können? Wer sich selbst nicht gerade richten kann, wie sollte der andere Menschen gerade richten?«[59]

Ein zentrales Merkmal des idealen Herrschers ist die Mitmenschlichkeit, die viel mehr bewirken kann als Zwang oder Gewalt.

> Der Meister sprach: »Es heißt: ›Wenn hundert Jahre lang gute Männer regieren, dann überwinden sie Verbrechen, und die Todesstrafe hört auf.‹ Das sind wahre Worte!«[60]

Was Konfuzius hier auf die Regierung bezieht, ist uns aus dem Zwischenmenschlichen im Alltagsleben gut bekannt. So gibt es offensichtlich verschiedene Möglichkeiten der Reaktion, wenn sich z.B. jemand über einen geärgert hat und Streit beginnt. Eine wütende Reaktion verstärkt den Streit sicherlich. Ein freundliches Wort, eine gütige Geste oder eine humorvolle Bemerkung dagegen tragen dazu bei, dass sich Ärger und Anspannung lösen.

Viele Ratschläge, die Konfuzius hinsichtlich der Regierung gab, scheinen auf der Beobachtung allgemeiner menschlicher Verhaltensmuster zu basieren, die für Zweierbeziehungen ebenso zutreffen wie für die Familie oder das Verhältnis des Herrschers zum Volk. Die ideale Beziehung zwischen dem Herrscher und dem Volk war in Konfuzius' Augen von Vertrauen und Vertrauenswürdigkeit geprägt. Der ideale Herrscher sollte ein Edler sein, dem sich das Volk instinktiv zuwendet und gerne fügt, und ein ruhender Pol, an dem sich alles andere ausrichtet und so seine Ordnung findet.

Der Meister sprach: »Die Ausübung der Regierung mit Tugend ist mit dem Polarstern vergleichbar: er nimmt seinen Platz ein und alle Sterne ordnen sich um ihn an.«[61]

3. SCHRIFTEN

DIE KONFUZIANISCHEN KLASSIKER

Zur Zeit von Konfuzius gab es fünf wichtige Schriften: das »Buch der Wandlungen«, das »Buch der Lieder«, das »Buch der Riten«, das »Buch der Urkunden« und die »Frühlings- und Herbstannalen«. Der Überlieferung zufolge soll Konfuzius bei der Kompilation und Edition der fünf Bücher mitgewirkt haben. Das »Buch der Riten« und das »Buch der Urkunden« soll er überarbeitet und Verlorengegangenes eingefügt haben. Es heißt, dass er bei den Liedern Wiederholungen ausmerzte und 305 Lieder aussuchte, die er im »Buch der Lieder« zusammenstellte. Zum »Buch der Wandlungen« soll er einen Kommentar geschrieben und die »Frühlings- und Herbstannalen« aus den Aufzeichnungen der Chronisten zusammengestellt haben. Historisch lässt sich dies jedoch nicht belegen.

213 v. Chr. ordnete Qin Shihuangdi, der erste Kaiser von China, eine umfassende Bücherverbrennung an, um die Vergangenheit auszumerzen. Hierbei gingen einige Texte völlig verloren, so auch das »Buch der Musik«, die sechste bedeutende konfuzianische Schrift. Allein das »Buch der Wandlungen« soll von der Vernichtung ausgenommen worden sein. Einige Jahrzehnte später beauftragte Kaiser Wen (179–157) Spezialisten mit der Rekonstruktion der Texte. Die Gelehrten konnten sich bei ihrer Arbeit auf noch vorhandene Manuskripte stützen.

In der Han-Dynastie erhob Kaiser Wu (141–87 v. Chr.) den Konfuzianismus zur Staatslehre und die fünf Bücher in den Rang der Klassiker, d. h. kanonischer Schriften. Als Zeichen für die offizielle Einrichtung des konfuzianischen Kanons wurden die fünf Klassiker und mit ihnen die »Gespräche« in Stein graviert. Dies zeigt die große Bedeutung, die Konfuzius damals beigemessen wurde.

124 v. Chr. gründete Kaiser Wu eine kaiserliche Hochschule und setzte dort Spezialisten für die jeweiligen Klassiker ein. Später wurde der konfuzianische Kanon durch weitere Schriften ergänzt, wie etwa durch die »Gespräche«. In der Tang-Zeit zählte der Kanon 13 Werke.

Im Laufe der Zeit entstand eine umfangreiche Kommentarliteratur zu den konfuzianischen Klassikern. Gelehrte versuchten, die Schriften auszulegen, wobei sie durchaus zu unterschiedlichen Deutungen gelangten. Die konfuzianischen Klassiker wie auch deren Kommentare waren Prüfungsstoff für diejenigen, die sich um staatliche Ämter bewarben, bis 1911 das chinesische Kaiserreich zusammenbrach und die Republik entstand.

DAS »BUCH DER WANDLUNGEN«

Das »Buch der Wandlungen« (»Yijing« bzw. »I Ging«) ist wohl das berühmteste chinesische Buch in der westlichen Welt. Die älteste, bis heute erhaltene Fassung vom »Buch der Wandlungen« stammt aus dem 2. Jahrhundert v. Chr., doch Jahrhunderte zuvor existierten bereits Vorläufer dieses Weissagebuches.

Hauptbestandteil des »Yijing« sind Symbole, die Situationen im zyklischen Wandel des Lebens beschreiben. Jedes einzelne Symbol – jedes Hexagramm – besteht aus sechs Linien. Es gibt zwei Arten von Linien, nämlich durchgezogene und gebrochene, deren Kombinationen 64 Hexagramme ergeben. Die Weissagung bedeutet die Ermittlung eines Hexagramms zur Beantwortung einer Frage, und zwar mittels 50 Schafgarbenstängeln, die auf eine bestimmte Weise ausgezählt werden. Ergänzt werden die 64 Hexagramme durch zehn Kommentare, die »Zehn Flügel«. Der sechste und siebente Kommentar, die »angehängten Erklärungen«, sollen auf Konfuzius zurückgehen. Bei diesen Kommentaren handelt es sich um eine philosophisch-ethische Deutung der Hexagramme.

Über das »Buch der Wandlungen« sagte Konfuzius:

»Wenn mir noch einige Jahre vergönnt wären und ich mit fünfzig das Buch der Wandlungen studieren könnte, dann könnte ich von großen Fehlern frei werden.«[62]

AUS DEM BUCH DER WANDLUNGEN

Kun, das Empfangene 坤 ☷

Das Urteil:
Das Empfangene bringt großes Gelingen.
Der Vorteil liegt in der Reinheit einer Stute.
Der Edle hat etwas, wo er hingeht.
Zuerst irrt er, dann findet er (den Weg).
Für einen Herrscher ist es vorteilhaft, im Westen und im Süden Freunde zu finden, im Osten und Norden Freunde zu verlieren.
Die Ruhe bringt Glück.

Das Bild:
Der Zustand der Erde ist die empfangende Haltung.
Der Edle trägt mit lauterer Tugend alle Wesen und Dinge.

DAS »BUCH DER LIEDER«

Das »Buch der Lieder« (»Shijing«) ist eine Sammlung von Gedichten aus der Zeit ungefähr vom 10. bis 6. Jahrhundert v. Chr., die ursprünglich gesungene und wohl auch getanzte Lieder waren. Die Melodien zu den Texten sind nicht erhalten geblieben. Traditionell wird behauptet, Konfuzius habe aus den bestehenden Liedern Wiederholungen ausgemerzt und dann bestimmte Lieder ausgesucht.[63] Eine andere Theorie besagt, dass der König Männer aussandte, die vom Volk gesungene Lieder sammeln sollten, damit er anhand der Lieder die Stimmung des Volkes erkennen konnte.

Viele der Lieder im »Buch der Lieder« stammen aus bäuerlichen Kreisen des einfachen Volkes und spiegeln dessen Wünsche, Sehnsucht, Ängste und Hoffnungen wider. Geschichtliche Ereignisse und Heldentaten der Könige, Liebe und Freude werden dort ebenso besungen wie Leiden, Verbitterung und Unterdrückung. Einige Lieder zeigen eindeutige Kritik an Vorgesetzten. Weiterhin umfasst das »Buch der Lieder« Gesänge zu Feiern und Zeremonien sowie Tempelhymnen. Es ist in vier Abschnitte unterteilt: 1. Brauchtumslieder der (einzelnen) Staaten, 2. Kleine Kunstlieder, 3. Große Kunstlieder und 4. Hymnen und Opferlieder.

AUS DEM BUCH DER LIEDER:

Lied der Holzfäller

Wir hacken im Walde, wir hacken und hauen
Und schleppen die Stämme zum Fluß mit Tauen.
Hell fließen die Fluten und kräuseln sich fein.
Du säst nicht und mähst nicht und ziehst nicht den Pflug,
wie scheffelst du denn soviel Korn herein?
Du pirschst nicht und jagst nicht und hast doch genug –
Im Herrenhof hängen die Biber in Reihn.
He, hoher Herr, was du verzehrst,
muss andrer Hände Arbeit sein![64]

Konfuzius liebte das »Buch der Lieder« sehr, aber wahrscheinlich zog er Lieder, die von hoher Moral zeugten, dem Holzfällerlied vor. Seinen Schülern legte er ans Herz, die Lieder zu lernen. Er sah in ihnen eine Quelle des Wissens und eine Möglichkeit der Charakterbildung.

> Der Meister sprach: »Schüler, warum lernt ihr nicht die Lieder? Die Lieder regen an, sie schärfen die Beobachtungsgabe, stützen die Gemeinschaft und können den Groll angemessen ausdrücken. Sie helfen, zu Hause dem Vater und in der Ferne dem Herrscher zu dienen. Sie vermitteln umfangreiches Wissen über die Namen von Vögeln, Tieren, Gräsern und Bäumen.«[65]

Durch die gesamte chinesische Geschichte hindurch galten die Lieder als wesentliches Bildungsgut. Alle gebildeten Menschen kannten sie und konnten sie mehr oder weniger auswendig zitieren. Auf die spätere Dichtkunst Chinas übten diese uralten Lieder einen großen Einfluss aus.

DAS »BUCH DER RITEN«

Die schriftliche Niederlegung der Riten hatte schon vor der Zeit von Konfuzius große Bedeutung. Die Riten regelten den sozialen und religiösen Alltag der Adligen der Zhou-Zeit. Bücher über die Riten umfassten demnach sowohl vorgeschriebene Riten für religiöse Zeremonien als auch festgelegte Regeln für das gesellschaftliche Leben.

Das »Buch der Riten« (»Lijing«), dessen Herausgabe Konfuzius zugeschrieben wurde, ist der am unvollkommensten überlieferte Klassiker und wurde zudem bei der Bücherverbrennung stark in Mitleidenschaft gezogen. Heute sind drei Schriften über die Riten bekannt, die aus der frühen Han-Zeit stammen: Das »Buch der Etikette und der Riten« (»Yili«), das »Buch der Zhou-Riten« (»Zhouli«) und die »Aufzeichnungen der Riten« (»Liji«).

AUS DEN »AUFZEICHNUNGEN DER RITEN«

Männer nehmen die rechte Seite der Straßen und Frauen die linke, Wagen fahren in der Mitte.

Ein Offizier höheren Ranges im Alter von sechzig oder siebzig Jahren geht nicht zu Fuß.

Einem Mann mit grauem Haar ist es nicht erlaubt, irgend etwas (Schweres) zu tragen, außer wenn er es mit einer Hand tragen kann.

Einem hohen Offizier ist es weder erlaubt, Opfergefäße auszuleihen, noch Gefäße für seinen Privatgebrauch herzustellen, bevor er Opfergefäße hergestellt hat.[66]

DAS »BUCH DER URKUNDEN«

Das »Buch der Urkunden« (»Shujing«) ist eine Sammlung historischer Fragmente, vor allem von Texten aus dem politischen Bereich, wie etwa Reden von Herrschern und Eingaben an den Thron. Wie aus dem »Buch der Urkunden« selbst hervorgeht, stammen diese Dokumente aus den ersten vier chinesischen Dynastien, gehen demnach bis ins 22. Jahrhundert v. Chr. zurück und umspannen einen Zeitraum von 1700 Jahren. Doch dies ist eher unwahrscheinlich. Heute wird angenommen, dass die Schriften in der Zeit vom 11. bis 6. Jahrhundert v. Chr. verfasst wurden. Im chinesischen Altertum gab es offizielle Geschichtsschreiber, die gleichzeitig Astrologen und Priester waren. Jedes Fürstentum hatte eigene Geschichtsschreiber und eigene Chroniken.

Die Zusammenstellung der geschichtlichen Dokumente soll auf Konfuzius zurückgehen, was historisch aber nicht zu belegen ist. Sicher ist, dass im 6. Jahrhundert v. Chr. bereits eine erste Ausgabe dieses Werkes existierte.

AUS DEM »BUCH DER URKUNDEN«

An dem Tag des zusätzlichen Opfers von Gaozong erschien ein krähender Fasan. Zuji sprach: »Um diese Angelegenheit richtigzustellen, muss zuerst der König korrigiert werden.« Und dementsprechend belehrte er den König: »Wenn der Himmel prüfend auf die Menschen blickt, kontrolliert er deren Rechtschaffenheit und verleiht ihnen dementsprechend ihr Lebensalter, ein dauerhaftes oder ein nicht dauerhaftes. Es ist nicht der Himmel, der Menschen jung sterben lässt, es sind die Menschen selbst, die ihr Leben beenden. Wenn die Menschen nicht tugendhaft sind und ihre Vergehen nicht einsehen, und der Himmel ihnen ihr Leben anvertraut, damit sie ihre Tugendhaftigkeit gerade richten, dann fragen sie, was dies mit ihnen zu tun hätte.

Ach, Ihr, der König, sollt das Volk mit Respekt leiten. Alle Eure (königlichen) Vorfahren waren die Erben eines Reiches, das vom Himmel begünstigt ist. Achtet auf die Opferungen an sie und nicht zu sehr auf die Opferungen an Euren Vater.«[67]

DIE »FRÜHLINGS- UND HERBSTANNALEN«

Die »Frühlings- und Herbstannalen« (»Chunqiu«) sind die Chronik des Staates Lu für den Zeitraum von 722 bis 481 v. Chr. In Anlehnung an den Titel des Werkes wurde diese Zeit später auch die »Frühlings- und Herbstperiode« genannt. Der Begriff »Frühling und Herbst« bezieht sich auf den jahreszeitlichen Zyklus und bezeichnet ein Jahr.

Mengzi, den man als legitimen Nachfolger von Konfuzius bezeichnen kann, schrieb über die Entstehung der »Frühlings- und Herbstannalen«:

Die Welt verfiel, und der Weg verdunkelte sich. Unrechtmäßige Lehren und böses Handeln entstanden. Minister ermordeten ihre Fürsten, Söhne erschlugen ihre Väter. Konfuzius war äußerst besorgt und verfasste die Frühlings- und Herbstannalen.[68]

Die Eintragungen in die »Frühlings- und Herbstannalen« sind knappe Aufzeichnungen über politische Geschehnisse, Amtsantritt und Tod der Fürsten, Naturkatastrophen und andere besondere oder außergewöhnliche Ereignisse. Geordnet wurden die Einträge nach den Namen und Regierungszeiten der Fürsten von Lu.

AUS DEN »FRÜHLINGS- UND HERBSTANNALEN«

Im Frühjahr (des 14. Regierungsjahrs von Herzog Ai) wurde bei einer Jagd im Westen ein Einhorn gefangen.
  Steine fielen auf Song. Fünf.

DIE »GESPRÄCHE«

Das Buch »Lunyu« ist das Hauptwerk, aus dem wir etwas über die Lehre von Konfuzius erfahren. Lunyu bedeutet wörtlich »gesammelte Worte«, aber bei uns hat sich der Titel »Gespräche« eingebürgert. Das Buch ist nach dem Tod von Konfuzius verfasst worden, und zwar von Schülern späterer Generationen. Die »Gespräche« wurden ungefähr in dem Zeitraum vom 4. bis 3. Jahrhundert v. Chr. zusammengestellt.

Im 2. Jahrhundert v. Chr. gab es drei unterschiedliche Versionen der »Gespräche«, was bedeutet, dass damals drei Überlieferungslinien existierten. Nachdem sich im Laufe von 400 Jahren drei gelehrte Männer mit verschiedenen Versionen und Kommentaren auseinander gesetzt hatten, entstand im 2./3. Jahrhundert n. Chr. die heutige Version des Buches.

Einen Eindruck von den »Gesprächen« haben die zitierten Passagen bereits vermittelt. Insgesamt besteht das Buch aus rund 500 kurzen Abschnitten und ist in 20 Kapitel unterteilt. Tatsächliche Gespräche sind dort selten wiedergegeben, zumeist sind es Schülerfragen und Antworten des Meisters oder Aussprüche von Konfuzius und einiger seiner Schüler. Die einzelnen Passagen stammen nachweisbar aus unterschiedlichen Zeiten. Es ist wahrscheinlich und teilweise auch zu belegen, dass Konfuzius im Nachhinein Worte in den Mund gelegt wurden, die er nicht gesprochen hat.[69] Dies relativiert unser »Wissen« über Konfuzius und seine Lehre. Dennoch bleiben die »Gespräche« das grundlegende Werk über Konfuzius' Lehren und sind zweifellos ein Buch tiefer Lebensweisheit.

Etwa 700 Jahre nach Konfuzius' Tod wurden die »Gespräche« in den Rang eines Klassikers erhoben. Die zahlreichen Kommentare chinesischer Gelehrter zu diesem Buch zeigen die große Wertschätzung und das Interesse, das ihm im Laufe der Geschichte entgegengebracht wurde. Gleichzeitig zeugen sie und ebenso die unterschiedlichen Übersetzungen davon, auf wie viele verschiedene Weisen dieser Text verstanden und gedeutet wurde und noch wird.

4. KONFUZIUS' NACHFOLGER

Im Laufe der 2500 Jahre währenden Geschichte des Konfuzianismus gab es viele bedeutende Denker. Sie studierten die klassischen Schriften und interpretierten sie. Es entwickelten sich unterschiedliche Denk- und Lebensrichtungen. Auf wenigen Seiten ein vollständiges Bild der vielfältigen Strömungen des Konfuzianismus zu zeichnen ist nicht möglich. Um dem Leser dennoch einen Eindruck von der Lehre zu vermitteln, die Konfuzius anregte, werden im Folgenden einige wichtige Aspekte der Entwicklung des Konfuzianismus skizziert.

DIE FRÜHEN KONFUZIANER

Nach Konfuzius' Tod gründeten einige seiner Schüler ihrerseits Schulen, andere gingen in den Staatsdienst. Die Lehren des Meisters wurden in unterschiedlichen Traditionslinien fortgeführt. Die bekanntesten Konfuzianer der damaligen Zeit waren Zeng Shen (505–436 v. Chr.) und Konfuzius' Enkel Zisi (483–402 v. Chr.). Zeng Shen wird der »Klassiker der Pietät« (»Xiaojing«) zugeschrieben. Zisi gilt als der Autor des »Einhalten der Mitte« (»Zhongyong«), das von der Song-Zeit an mit dem Buch »Mengzi«, den »Gesprächen« und »Der großen Lehre« zu den so genannten Vier Büchern zählte, die höher als die ursprünglichen Klassiker eingeschätzt wurden.

MENGZI

Der erste große Konfuzianer nach Konfuzius war Mengzi, der bei uns auch unter seinem latinisierten Namen Menzius bekannt ist. Er gilt als der legitime Überlieferer von Konfuzius' Lehren und bezeichnete sich selbst als deren Vollender. Mengzi lebte von 371–289 v. Chr. Einige Jahre studierte er bei Konfuzius' Enkel Zisi. Wie viele Gelehrte reiste auch Mengzi mehrere Jahre durch das chinesische Reich, um seine Ideen bei einem tugendhaften Fürsten zu Gehör zu bringen, doch vergebens. Das Buch »Mengzi« enthält seine Lehre, die später als idealistischer Flügel des Konfuzianismus bezeichnet und damit vom realistischen Flügel, der Lehre des Xunzi, abgegrenzt wurde.

Grundlegend für Mengzis Lehre ist die These, dass die innere Natur aller Menschen gut ist. Jedem Menschen ist diese gute Natur von Geburt an vom Himmel mitgegeben. Sie zeigt sich in einem tiefen Mitgefühl anderen gegenüber. Wenn jemand zum Beispiel sieht, dass ein Kind in einen Brunnen fällt, dann werden sich im Herzen dieses Menschen sicherlich sofort Mitgefühl und der Wunsch zur Hilfsbereitschaft regen, sagte Mengzi. Diese zutiefst natürlichen Regungen, die allen Menschen eigen sind, beweisen ihm gemäß das angeborene Gute im Menschen.

Nun ist es aber so, dass es immer auch Schlechtes oder Böses in der Welt gibt. Dies führte Mengzi im Wesentlichen auf ungünstige äußere Umstände zurück, unter denen das den Menschen immanente Gute sich nicht entfalten kann. Als Vergleich zog er das Wachstum von Pflanzen heran. Wie eine Pflanze auf schlechtem Boden gar nicht oder weniger gut gedeiht als eine Pflanze, die ihre Wurzeln in fruchtbaren Boden geschlagen hat, so verhält es sich auch mit der Tugendhaftigkeit des Menschen.

Die Grundlagen für die Entwicklung der Tugenden liegen im Gefühlsleben. Jeder Mensch hat vier Gefühlsbereiche, die Mengzi die »vier Anfänge« nannte. Das Mitgefühl ist der Anfang der Mitmenschlichkeit, das Gefühl von Scham und Abneigung (gegenüber etwas Schlechtem) der Anfang der Rechtschaffenheit, das Gefühl der Achtung der Anfang des rechten Verhaltens oder der Sittlichkeit, das Gefühl für Falsches und Richtiges der Anfang der Weisheit. Wenn sich diese »vier Anfänge« ungehindert entfalten können, bilden sich im Menschen die Tugenden von selbst.

Die vier Gefühlsbereiche unterscheiden den Menschen vom Tier. Den Gefühlen und somit den Tugenden Raum zur Entfaltung zu geben ist sehr wichtig, denn die

Entwicklung der Tugenden bedeutet für Mengzi, wirklich Mensch zu werden. Eine gewisse Pflege der Gefühle, der Samen für die Tugenden, ist notwendig. Doch das Wachstum der Tugenden geschieht auf natürliche Weise und kann nicht durch äußere Einwirkung beschleunigt werden, wie Mengzi in einer Geschichte verdeutlichte.

Diese Geschichte handelt von einem Mann aus Song. Der Mann hatte ein Feld mit Korn, das gerade aus dem Boden geschossen war. Um dem Korn beim Wachsen zu helfen, ging er eines Tages auf sein Feld und zog kräftig an jedem einzelnen Pflänzchen. Als sein Sohn davon hörte, eilte er schleunigst zu dem Feld und musste feststellen, dass alle Pflanzen verdorrt waren.

In diesem Punkt unterscheidet sich Mengzi von Konfuzius, der sagte, dass die Menschen sich Tugendhaftigkeit durch Lernen und Charakterbildung erwerben. Da nun aber, wie Mengzi sagte, der »gute Boden«, die äußeren Umstände, für das Wachstum des Guten im Menschen ausschlaggebend ist, gehört es zu den Aufgaben des Herrschers, einen solchen zu schaffen. Er folgte Konfuzius in der Auffassung, dass der Herrscher die Tugendhaftigkeit verkörpern muss. Den Weg einer perfekten Regierung nannte Mengzi den »königlichen Weg«, den idealen Herrscher »König«.

Ebenso wie Konfuzius hatte auch Mengzi eine politische Vision, doch beinhaltete diese weitaus mehr praktische Aspekte. Dem Land zur wirtschaftlichen Blüte zu verhelfen und somit für das materielle Wohlergehen des Volkes zu sorgen war die erste Aufgabe, der sich ein König widmen sollte. Mengzi schlug eine Wirtschaftsform vor, die Brunnenfeldsystem genannt wird. In diesem System wird ein quadratisches Areal in neun gleich große Parzellen aufgeteilt. Die äußeren acht Parzellen gehören jeweils einer Familie, von der sie bewirtschaftet werden. Die mittlere Parzelle wird kollektiv von allen acht Familien bestellt, und ihre Erträge gehen als Abgaben an den Staat. Der Name des Brunnenfeldsystems rührt von dem chinesischen Schriftzeichen für Brunnen 井 her, das mit seinem Bild auf eine Unterteilung in neun Quadrate hindeutet.

Zwei Grundgedanken stehen hinter diesem System. Zum einen sollen die Güter eines Staates im Volk gerecht verteilt werden, zum anderen soll verhindert werden, dass sich Herrscher unbotmäßig auf Kosten des Volkes bereichern. Ob das Brunnenfeldsystem damals in die Tat umgesetzt wurde, ist nicht bekannt.

Sobald die materielle Basis für das Wohlergehen des Volkes sichergestellt ist, hat der Herrscher für die Erziehung und Bildung der Menschen im konfuzianischen Sinne zu sorgen. Mengzi betrachtete den Menschen als gesellschaftliches Wesen, das sein Menschsein in den Beziehungen zu seinen Mitmenschen verwirklicht. Daher wird der königliche Weg in einem Staat erst dann verwirklicht, wenn neben Wohlstand und (Charakter-)Bildung ein generelles Verstehen der menschlichen Beziehungen gegeben ist.

Im Staat war für Mengzi nicht der Herrscher, sondern das Volk das Wichtigste. Er billigte dem Volk das Recht zu, gegen einen tyrannischen oder untugendhaften Herrscher zu rebellieren. Mengzi war der erste Philosoph, der von einer »menschlichen Regierung« sprach. An der Spitze des Reiches sollte ein Mann stehen, der für das Volk sorgt. Denn die Fürsorge gegenüber dem Volk entspringt der Güte der inneren Natur des Herrschers, der wie alle Menschen unter dem Leiden anderer selbst leidet und daher versucht, es zu beenden.

Wenn das gemeinschaftliche Leben immer mehr von Einfühlungsvermögen und Mitgefühl durchtränkt werden soll, müssen die Menschen zunehmend von ihrem Egoismus ablassen. Je weniger egoistisch jemand ist, desto mehr fühlt er sich mit seinen Mitmenschen verbunden, bis er zwischen sich und den anderen und schließlich zwischen sich und dem Himmel keine Trennung mehr fühlt. Im Zustand dieser höchsten Verbundenheit oder Einheit erkennt er, dass alle Dinge des Universums auch in ihm selbst existieren. Indem der Mensch in sich die angeborene Natur, die Güte, sich vollkommen entfalten lässt, kann er mit allen Menschen und der höchsten Macht, dem Himmel, eins werden.

XUNZI

Der realistische Konfuzianismus Xunzis (313?–227? v. Chr.) war gewissermaßen der philosophische Gegenpol zu Mengzis Lehre. Xunzi, der ebenfalls einige Jahre als Wanderphilosoph durch China reiste, legte seine Lehre im Buch »Xunzi« nieder.

In den konfuzianischen Lehren von Xunzi und Mengzi gibt es trotz fundamentaler Unterschiede einige grundsätzliche Übereinstimmungen. Beide verehrten Konfuzius sehr und betonten, wie ihr Meister, die Bedeutung der Bildung, die Notwendigkeit einer sozialen Hierarchie und der Tugendhaftigkeit des Herrschers sowie die Richtigstellung der Namen. Auch besaßen beide Philosophen die tiefe Überzeugung, dass jeder Mensch ein Edler werden könne.

Ganz im Gegenteil zu Mengzi ging Xunzi allerdings davon aus, dass die menschliche Natur schlecht ist. Jedem Menschen sind seit seiner Geburt persönliche Wünsche eingepflanzt, wie etwa das Streben nach eigenem Vorteil oder nach sinnlichem Vergnügen. Da alle Menschen grundsätzlich das Gleiche wünschen, kollidieren diese individuellen Wünsche. So will nach Xunzi zum Beispiel ein Volk ein anderes erobern, aber selbst nicht erobert werden. Wenn also alle Menschen ihren Wünschen freien Lauf lassen, entstehen Zwistigkeiten unter ihnen und Chaos im Staat.

Damit Frieden und Ordnung herrschen können, dürfen persönliche Interessen nicht beliebig ausgelebt, sondern müssen in Schach gehalten werden. Das bedeutet, die schlechte Menschennatur muss zum Guten hin kultiviert werden. Tugendhaftigkeit erlangt ein Mensch durch Erziehung und Disziplin. Xunzi ging davon aus, dass jeder Mensch Intelligenz und damit die Fähigkeit besitzt, das Gute in sich zu trainieren. Die Tugenden und Werte betrachtete er als das Ergebnis einer vom Menschen geschaffenen Kultur und als eine Gabe der Natur oder des Himmels.

Der Himmel war für Xunzi nicht eine den Menschen übergeordnete ethische Autorität, sondern eine Naturkraft, die im Universum wirkt. Er legte den Menschen ans Herz, sich auf ihre eigenen, vom Himmel verliehenen Fähigkeiten zu besinnen, anstatt zu versuchen, den Himmel zu verstehen. Ritualen und Zeremonien, die Konfuzius noch heilig waren, ordnete Xunzi die rein pragmatische Funktion zu, die schlechte menschliche Natur zu kultivieren. Für ein harmonisches Zusammenleben erachtete Xunzi im Gegensatz zu Konfuzius die Gesetze als ebenso wichtig wie die Riten. Insofern ist für ihn ein idealer Herrscher derjenige, der die staatliche Ordnung durch Gesetze, Vorschriften und Steuern erschafft und aufrechterhält. Xunzis Schüler Hanfeizi (gest. 233 v. Chr.) wurde einer der wichtigsten Vertreter der legalistischen Schule, die in hohem Maße die Aufstellung von Gesetzen propagierte.

Die Menschen brauchen einander, um in Wohlstand und Zufriedenheit leben zu können. Jeder Mensch hat seine eigenen Fähigkeiten, der eine als Beamter, der andere als Schmied, wieder ein anderer als Bauer usw. Mit dieser trägt er, z.B. in seinem Beruf, etwas zum Wohl der Gemeinschaft bei. Es sind gerade die Unterschiede der Menschen hinsichtlich ihrer Fähigkeiten und ihrer sozialen Stellung, die Xunzi betonte. Wenn die soziale Hierarchie gewahrt wird und jeder Mensch seine Position, die er aufgrund seiner Fähigkeit hat, mit Zufriedenheit ausfüllt, ist der Staat stabil.

Xunzi hatte zu seiner Zeit weit mehr Einfluss als Mengzi. Zwar wurde Mengzi als der eigentliche Nachfolger von Konfuzius betrachtet und seine »idealistischen« Schriften im 11. Jahrhundert zum Klassiker erklärt, doch tatsächlich war der Konfuzianismus den »realistischen« Lehren Xunzis weitaus mehr zugetan.[70]

»KONFUZIANISMUS«

Konfuzianismus ist der deutsche Name für die Lehre, die Konfuzius begründete. In China heißen die Konfuzianer seit dem 5. Jahrhundert v. Chr. ru. Der Konfuzianismus wurde von der Han-Zeit an »Schule der ru« genannt. Ru bedeutete ursprünglich »sanft« oder »weich« und war vor Konfuzius' Zeit eine allgemeine Bezeichnung für Gelehrte.

DIE ENTWICKLUNG DES KONFUZIANISMUS BIS ZUM ENDE DES 19. JAHRHUNDERTS

Nach lang andauernden kriegerischen Auseinandersetzungen zwischen den einzelnen chinesischen Staaten wurde China 221 v. Chr. durch den Herrscher von Qin geeint. Dieser erste Kaiser Chinas war Anhänger des Legalismus und verbot die konfuzianischen Texte. Wie bereits erwähnt ordnete er eine Bücherverbrennung an, der ein Großteil der Klassiker zum Opfer fiel. Seit Konfuzius bis dahin war der Konfuzianismus nur eine Lehre unter vielen anderen.

Weit reichende Bedeutung gewann er erst in der Han-Dynastie (206 v. Chr.–220 n. Chr.). Der berühmteste Konfuzianer dieser Zeit war Dong Zhongshu (176–104 v. Chr.). Es wird erzählt, er sei dem Studium der Schriften so ergeben gewesen, dass er drei Jahre lang keinen Blick aus dem Fenster in seinen Garten geworfen habe. Dong Zhongshu hatte maßgeblichen Anteil daran, dass der Konfuzianismus die tragende Lehre Chinas wurde. 136 v. Chr. erhob Kaiser Wu, der von diesem Gelehrten tief beeindruckt war, den Konfuzianismus zur Staatslehre und die fünf Bücher zu Klassikern. In jener Periode wurde der Grundstein für die Verflechtung der konfuzianischen Lehre mit dem Staatswesen und der Gesellschaft gelegt. Der Konfuzianismus begann die Identität Chinas zu prägen. Damals widmeten sich die konfuzianischen Gelehrten überwiegend dem Studium der Klassiker und dem Verfassen von Kommentaren.

Die folgenden vier Jahrhunderte waren durch große politische Unruhen geprägt. China zerfiel wieder in mehrere Reiche, und die Wirtschaft brach zusammen. Während der klassische Konfuzianismus kaum mehr gepflegt wurde, gewann der Daoismus Aufschwung. Doch einige konfuzianische Gelehrte setzten die Tradition der Kommentierung der Schriften fort.

Während der Tang-Dynastie (618–907) erreichte der Buddhismus in China seine Blüte. Auch der Daoismus erfreute sich großer Popularität, und beide Religionen fanden im Volk weite Verbreitung. Konfuzianische Studien wurden von staatlicher Seite gefördert, vor allem durch Kaiser Taizong (598–649). Zu den bekannten Konfuzianern jener Zeit zählen Han Yu (768–829) und Li Ao (gest. um 844). Beide Männer waren orthodoxe Konfuzianer, die sich gegen den aus Indien stammenden Buddhismus wandten. Vor allem Han Yu griff den Buddhismus, aber auch den Daoismus scharf an. Die Gelehrten setzten sich u. a. mit der Frage nach dem Wesen der menschlichen Natur auseinander, die bereits bei Mengzi und Xunzi ein zentrales Thema gewesen war, und schafften die Voraussetzungen für ein Wiederaufblühen des Konfuzianismus.

Die »Renaissance« des Konfuzianismus wird im Westen Neokonfuzianismus genannt. Sie begann in der Song-Zeit (960–1280). Mit der Rückkehr zur klassischen Tradition schwand die Bedeutung des Buddhismus. Die Gelehrten entwickelten den Konfuzianismus auf der Basis der klassischen Schriften weiter, die Tradition wurde neu betrachtet, neu durchdacht und die Bedeutung des Konfuzianismus als der grundsätzlich rechtmäßigen Lehre nachdrücklich betont. Wichtige Aspekte blieben die Selbstvervollkommnung und die Schaffung harmonischer Familienverhältnisse als Grundlagen für einen geordneten und friedlichen Staat. Wissens zu erwerben wurde nach wie vor sehr geschätzt, doch eine tiefe gedankliche Durchdringung des Wissens gewann einen noch höheren Stellenwert.

Zhou Dunyi (1017–1073), Shao Yong (1011–1077), Zhang Zai (1020–1077) sowie die Brüder Cheng Yi (1033–1107) und Cheng Hao (1032–1085) waren die fünf bedeutendsten Denker in der Entstehungsphase des Neokonfuzianismus. Zhou Dunyi gilt als dessen Ahnherr.

Die Kosmologie sowie die menschliche Natur und deren Beziehung zur Weltordnung waren wichtige Themen der damaligen philosophischen Auseinandersetzungen. Konzepte der konfuzianischen Klassiker, insbesondere die des »Buches der Wandlungen«, wurden neu definiert. Auch buddhistisches Gedankengut fand in den Neokonfuzianismus Eingang, und zwar in einer Neuinterpretation mit der Betonung des Diesseits und des Gesellschaftslebens.

Den Höhepunkt erreichte der Song-zeitliche Neokonfuzianismus mit dem kühnen Denker und großen Systematiker Zhu Xi (1130–1200). Wie wohl kein anderer hat er die chinesische Philosophie und Staatsideologie beeinflusst. Besondere Bedeutung maß Zhu Xi den so genannten Vier Büchern bei: »Gespräche«, »Einhalten der Mitte«, »Mengzi« und »Große Lehre«. Seine umfassenden philosophischen Kommentare zu diesen Schriften und anderen Klassikern wurden sehr berühmt und gingen zusätzlich in den Prüfungsstoff für Beamte ein. Zhu Xi fühlte sich Konfuzius eng verbunden. Jeden Morgen verbeugte er sich vor dem Konfuziusbild in seiner Schule und brachte Weihrauch dar. Riten und Zeremonien waren ihm sehr wichtig.

Während der Song-Zeit entstanden weitere neokonfuzianische Schulen, die in der folgenden Yuan-Dynastie (1280–1368) wieder untergingen. Nur die Schule von Zhu Xi hatte Bestand und war auch zu Beginn der Ming-Zeit (1368–1644) bestimmend. Seinerzeit hatte Zhu Xi einen philosophischen Gegner namens Lu Xiangshan, mit dem er berühmt gewordene Debatten ausfocht. Lu Xiangshan bereitete den Weg für die »Lehre vom Bewusstsein« des bedeutendsten Neokonfuzianers der Ming-Dynastie, Wang Yangming (1472–1529).

Seit der Song-Zeit war das Verhältnis zwischen »innen« und »außen« ein wichtiges philosophisches Thema. So betrachtete Zhu Xi die Erforschung der Dinge, d. h. auch das Textstudium und die damit verbundenen Erkenntnisse als eine wesentliche Basis, um ein Edler zu werden. Wang Yangming hielt dagegen, dass dafür die Entfaltung der inneren Natur des Menschen ausreichte. Er betonte das innere, angeborene Wissen um das Gute und prägte in dieser Hinsicht den Neokonfuzianismus des 15. und 16. Jahrhunderts.

Die mandschurischen Herrscher bestätigten zu Beginn der Qing-Dynastie (1644–1911) erneut die Lehre von Zhu Xi. Gegen Ende des 17. Jahrhunderts wandte man erstmals wissenschaftliche Prinzipien der Textkritik zur Erforschung der Klassiker und deren Herkunft an. Dadurch wurde etwa die traditionelle zeitliche Einordnung der Texte in Frage gestellt oder auch widerlegt. Es entwickelte sich eine breite Bewegung philologischer Kritik, deren Anliegen eine strenge sprachliche Analyse der Texte war. Man strebte die Rückkehr zum reinen, ursprünglichen Text an und mit ihr eine Befreiung von der massiven und in den Augen der Textkritiker spekulativen Kommentarliteratur. Dai Zhen (1723–1777) ist einer der bekanntesten Vertreter dieser Richtung. Mit dem Einsetzen der Textkritik begann der Einfluss von Zhu Xis Schulrichtung zu schwinden.

Anfang des 19. Jahrhunderts verloren die Textkritiker an Bedeutung. Ein neue konfuzianische Schule kam auf, die sich den Textstudien der Westlichen Han-Zeit zuwandte. Ihr zentraler Text war einer der drei frühesten Kommentare zu den »Frühlings- und Herbstannalen«, der in der Han-Zeit von großer Bedeutung war, nämlich der Kommentar von Gongyang. Die Gelehrten der Gongyang-Schule suchten nach dem wahren Gehalt von Konfuzius' und Mengzis Worten und nach dem tiefen Sinn der Klassiker, der ihrer Meinung nach durch Verfälschungen der Texte im Lauf der Zeit verloren gegangen war.

Im 19. Jahrhundert war das chinesische Reich im Verfall begriffen. Es herrschten innenpolitische Krisen, die westlichen Mächte drangen in das Land ein, unterjochten es, und es kam zu den Opiumkriegen. Vor diesem Hintergrund ist die Entstehung und weite Verbreitung dieser Schule zu verstehen, die sich wieder der alten Tradition zuwandte und sie als die wahre und ureigene Tradition verstand, nämlich der ursprünglichen Lehre von Konfuzius.

5. KONFUZIUS IN CHINA UND IM WESTEN

DER MEISTER UND DIE CHINESEN

POSTHUMER RUHM

Zu seinen Lebzeiten erlangte Konfuzius keinen großen Ruhm. Erst einige Zeit nach seinem Tod begann seine Verehrung, die bis zum Beginn des 20. Jahrhunderts währen sollte.

Im Jahr 1906, als das chinesische Kaiserreich auf seinen Untergang zusteuerte, erklärte der Kaiser Konfuzius zum Gott und stellte die Himmels- und Erdopfer mit den Opfern an Konfuzius gleich. Diese Phase der Vergöttlichung des Meisters währte jedoch nur wenige Jahre. Im Allgemeinen wurde Konfuzius im Verlauf der chinesischen Geschichte als ein Weiser und ein vollkommener Mensch verehrt, als den er sich selbst allerdings nie betrachtet hatte.

Schon aus den »Gesprächen« geht hervor, dass die Schüler in ihrem Lehrer einen Mann vollendeter Tugend sahen. Der Han-zeitliche Philosoph Dong Zhongshu bezeichnete Konfuzius als »ungekrönten König«, als den eigentlichen König, dem der Thron jedoch verwehrt blieb. Kaiser verliehen Konfuzius posthum Adelstitel und adelten sogar einige seiner Nachkommen.

Es gibt viele Konfuziustempel in China. Doch die bedeutendste Gedenk- und Verehrungsstätte für den Meister liegt in Qufu.

DER KONFUZIUSTEMPEL IN QUFU

Konfuzius lebte und lehrte in der Nähe der heutigen Stadt Qufu in Shandong. Ein Jahr nach seinem Tod ließ Herzog Ai von Lu Konfuzius' Wohnhaus in eine Tempelanlage umbauen. Bis heute ist diese Tempelanlage der wichtigste Ort für diejenigen, die Konfuzius ihre Ehrerbietung erweisen möchten. Opferungen waren seit jeher Bestandteil seiner Huldigung. Im Rahmen zeremonieller

Handlungen, vielfach unter musikalischer Begleitung, opferte man Fleisch und Blut von Tieren, Speisen oder Weihrauch. Tieropfer existieren heute nicht mehr. Weihrauch in Form von Räucherstäbchen darzubringen ist dagegen für die meisten chinesischen Besucher noch immer selbstverständlich.

Im Jahr 59 n. Chr. erließ Kaiser Ming die Verordnung, dass auch in allen staatlichen Schulen Opfer für Konfuzius abgehalten werden sollten. Er selbst opferte einen Hund, was damals als ein Zeichen sehr großer Ehrerbietung galt. Von jener Zeit an gilt Konfuzius als Schutzherr der öffentlichen Schulen.

152 n. Chr. wurde eine Ehrenwache eigens für den Tempel abgestellt. Als Lohn erhielt der Offizier, der mit seinen Soldaten den Tempel bewachte, hundert Säcke Reis. Seit der Tang-Zeit lag die Pflege des Tempels in den Händen mehrerer Familien, die für ihre Arbeit von allen Abgaben und Steuern befreit wurden. Auf kaiserlichen Befehl baute man in den bedeutenden Städten Chinas weitere Konfuziustempel, die auch in der darauf folgenden Dynastie, der Song-Zeit, geehrt und gut instand gehalten wurden.

Anfang des 20. Jahrhunderts schwand die Achtung vor dem Konfuzius-Tempel in Qufu dahin. Ein Bericht des Missionars und Jesuitenpaters Tschepe zeichnet einerseits ein Bild von der Schönheit dieses kulturellen Erbes, andererseits zeigt er auf, wie verkommen einige Areale des Tempels zu Beginn des 20. Jahrhunderts waren.

Steigt man die steilen, gefährlichen, echt chinesischen Treppen hinauf, so gelangt man in große Säle, die einen schönen Ausblick auf den ganzen, so großen Tempel gewähren. Auch da ist alles wieder abscheulich schmutzig: der Mist von unzähligen Fledermäusen, welche in diesen stillen Räumen sich eingenistet, liegt zu meterhohen Haufen aufgetürmt und der Geruch dieses Unrates ist so stark und beißend, dass man die Augen kaum öffnen kann. Ohne eine gute Zigarre hält man es an diesem Orte nicht aus.[71]

Heute wird die Anlage wieder sorgfältig gepflegt, nicht zuletzt wohl aufgrund des Tourismus, der sich im Aufschwung befindet und Devisen ins Land bringt.

Bereits seit dem 2. Jahrhundert v. Chr. war es für hohe Würdenträger üblich, vor ihrem Amtsantritt zu Tempel und Grab von Konfuzius zu pilgern. Viele Kaiser reisten nach Qufu und machten dem Tempel wertvolle Schenkungen, wie etwa kostbare Weihrauchgefäße oder Kalligrafien, die dort heute noch bewundert werden können.

Als 1499 der Blitz in den Tempel einschlug und das Hauptgebäude völlig niederbrannte, herrschte im Reich der Mitte große Trauer, denn man sah darin ein vom Himmel gesandtes ungünstiges Omen. Vier Jahre dauerte es, bis der Tempel wieder aufgebaut war und noch größer und prunkvoller erstrahlte als je zuvor. Kaum waren zwölf Jahre vergangen, da suchte ein anderes Unglück den Tempel heim. Skrupellose Räuber stahlen die Kostbarkeiten aus dem Tempel. Um ihn in Zukunft vor solchen Überfällen zu schützen, wurde die Stadtmauer von Qufu vergrößert, so dass sie auch den Tempel einschloss, der sich zuvor außerhalb der Umwallung befunden hatte.

1724 wurde der Haupttempel ein zweites Mal durch einen Blitzschlag zerstört. Doch nach sechs Jahren emsigen Wiederaufbaus erstand der Tempel in der Pracht, die man heute bewundern kann. Die meisten Gebäude der heutigen Tempelanlage stammen aus jener Zeit, einige Tore und Gebäudeteile aus früheren Perioden.

Wenn von einem chinesischen Tempel die Rede ist, so ist damit meistens nicht ein einziges Gebäude gemeint, sondern ein mehr oder weniger ausgedehnter Komplex mit mehreren Bauten verschiedener Größe und unterschiedlicher Funktionen. Der Konfuziustempel in Qufu ist eine 21 Hektar große Anlage, die etwa ein Fünftel der gesamten Stadt einnimmt und auf einer etwa einen Kilometer langen Nord-Süd-Achse erbaut wurde.

Die Mauern sind in Rot, die Dächer in Gelb gehalten. Rot und Gelb waren die kaiserlichen Farben. Ihre Verwendung in diesem Tempel ist Ausdruck der großen

Wertschätzung, welche die Menschen Konfuzius entgegenbrachten. Immergrüne Zedern und Zypressen, die vor langer Zeit in die Höfe gepflanzt wurden, symbolisieren Langlebigkeit. Ein wunderschöner, hoch gewachsener Baum, eine Art Wacholder, ist der heilige Baum des Konfuzius. Er ist von einem kunstvoll gemeißelten Steingeländer umgeben, das ihn vor Beschädigungen schützen soll. Man sagt, Konfuzius habe eigenhändig drei dieser Bäume in seinen Garten gepflanzt.

Die inneren Heiligtümer befinden sich im Norden der Anlage. Sieben Tore müssen durchschritten werden, bevor man zum Aprikosenaltar und zum Haupttempel gelangt. Der Aprikosenaltar ist von einem Pavillon überdacht, der aus dem 16. Jahrhundert stammt. Es heißt, Konfuzius habe seine Schüler unter einem Aprikosenbaum sitzend unterrichtet – daher der Name des Altars.

Im prachtvollen Haupttempel, einer 1836 Quadratmeter großen Halle, wurden die Zeremonien zu Ehren des Meisters abgehalten und Opfer dargebracht. Vieles in der Architektur und der Ausschmückung des Gebäudes deutet auf eine Erhabenheit hin, die an sich nur Kaisern gebührte. So sind etwa die zehn Steinsäulen, die das Dach stützen, mit einem äußerst kunstvollen Drachenrelief verziert. Der Drache war das Emblem der Kaiser, und es wird erzählt, dass diese Säulen zuweilen vor dem Besuch eines Kaisers verhängt wurden, um diesen nicht zu beleidigen.

Im Inneren des Tempels befinden sich u. a. mehrere Altäre, der Opferaltar für Konfuzius, Nischen mit Statuen von Konfuzius und seinen Schülern sowie zahlreiche Kalligrafien, die zu Ehren des Meisters geschrieben wurden. Die alte Konfuziusstatue verschwand während der Kulturrevolution, wurde später jedoch durch eine neue ersetzt.

Etwa 1,5 Kilometer außerhalb von Qufu liegt das Grab des Meisters, eingebettet in den Gräberwald der Familie Kong. Wer zum Tempel reiste, um Konfuzius zu gedenken, besuchte ebenfalls dessen Grab, eine schlichte Steinstele vor einem mit Gras bewachsenen Erdhügel.

Ein wichtiger Feiertag war der 9. Oktober, der Geburtstag von Konfuzius. Er wurde mit besonderen Zeremonien zelebriert. Heute hat sich der Konfuziustempel von einem Ort der Verehrung zu einer Touristenattraktion gewandelt. Nach den Krisen des Konfuzianismus in den letzten hundert Jahren gewinnt Qufu nun wieder an Bedeutung. Seit einigen Jahren werden dort in der Zeit um Konfuzius' Geburtstag regelmäßig internationale Kongresse zu konfuzianischen Themen abgehalten.

FRÜHE KRITIK AN KONFUZIUS

Über 2000 Jahre wurde Konfuzius große Verehrung entgegengebracht. Doch schon sehr früh begann auch Kritik an den Lehren des Meisters laut zu werden.

Konfuzius' erster bedeutender Kritiker war der Philosoph Modi, der in der Zeit zwischen 480 und 390 v. Chr. lebte. Seine Lehre ist im Buch »Mozi«, »Meister Mo«, niedergelegt. Modi gründete die Schule der Mohisten, die bereits zu seinen Lebzeiten großen Einfluss erlangte. Im Gegensatz zu Konfuzius, der die Tradition der frühen Zhou-Zeit wieder beleben wollte, stellte Modi diese in Frage. Er war der Ansicht, dass etwa die von Konfuzius geforderte dreijährige Trauerzeit und die aufwendigen Begräbnisse zu viel Geld und Kraft verschwendeten, die wohl besser für die Lebenden eingesetzt werden könnten. Generell erachtete Modi den gesamten Sittenkodex für das praktische Alltagsleben als zu umfassend und kompliziert. Auch wies er darauf hin, dass Konfuzius den Künsten und dem Lernen übermäßige Bedeutung beigemessen habe. Nur wenige Menschen seien so wohlhabend, dass sie sich ausführlich der Musik widmen könnten, und ein Leben reiche nicht aus, um das Soll des Lernens zu erfüllen. Konfuzius war dem Götter- und Geisterglauben gegenüber sehr zurückhaltend. Dies kritisierte Modi, weil seiner Meinung nach die Götter und Geister ungehalten würden, wenn man sie nicht verehre.

GEGEN DIE KONFUZIANER

Mit ihren verfeinerten äußerlichen Riten und der Musik verführen die Konfuzianer die Menschen, und durch lange Trauer und mit geheucheltem Schmerz täuschen sie ihre Eltern. Sie führen das Schicksal ein und nehmen Armut überhaupt nicht zur Kenntnis, während sie selbst auf großem Fuß leben. Sie wenden sich ab von den Grundprinzipien und vernachlässigen ihre Aufgaben, während sie ihren Müßiggang und ihren Stolz pflegen. Sie sind gierig nach Essen und Trinken, sind zu träge zum Arbeiten, und selbst wenn sie Hunger und Kälte zu erleiden haben, werden sie doch ihren Weg nicht aufgeben.

(Modi[72])

Generell ging es Modi darum, das gemeinschaftliche Leben pragmatisch und den Bedürfnissen der Zeit gemäß einzurichten. Er wollte die komplizierten Riten und die verfeinerte Kultur durch etwas Einfacheres und Nützlicheres ersetzen.

Auch seitens der frühen Daoisten wurde Kritik an Konfuzius und dem Konfuzianismus geäußert. Der Daoismus besaß eine Komponente, die eindeutig auf Transzendenz und das Unvorstellbare gerichtet war. In dieser Hinsicht bildete er lange Zeit einen Gegenpol zum diesseitig orientierten Konfuzianismus oder auch eine Ergänzung, bis sich die drei Lehren Konfuzianismus, Daoismus und Buddhismus seit der Tang-Zeit langsam einander näherten.

Bereits im »Daodejing«, das traditionell Laozi zugeschrieben wird, sind Passagen zu finden, die gegen die überlieferten Formen, die Künstlichkeit der Tugenden und für ein einfaches, »unbehauenes« Leben sprechen. Dort wird ein Dasein in Einklang mit dem Dao, dem Absoluten, gefordert und ebenso die Natürlichkeit des Dao im Gegensatz zu einer vom Menschen geschaffenen Kultur. Vereinfacht ausgedrückt verhält es sich so, dass der Mensch dann zu Tugenden wie Pietät zurückfindet, wenn er dem Dao gemäß lebt. Künstliche Verhaltensmaßregeln verhindern in den Augen der Daoisten die Entwicklung der im Menschen angelegten, aus dem Urgrund stammenden, tiefen Natur.

AUS DEM »DAODEJING«:
Laß von der Heiligkeit ab, und gib die Weisheit auf,
dann wird das Volk hundertfach gewinnen.
Laß von der Mitmenschlichkeit ab, und gib die Rechtlichkeit auf,
dann wird das Volk zur Pietät und Liebe zurückkehren.[73]

In dem daoistischen Buch »Zhuangzi« aus dem 4./3. Jahrhundert v. Chr. finden sich einige fiktive Gespräche mit Konfuzius. Zhuangzi stellte Konfuzius als einen Menschen dar, der eine aufgesetzte Moral predigt, den Kern des Lebens nicht erfasst hat und das Wesentliche noch lernen muss, was Konfuzius in den Texten von Zhuangzi im Übrigen selbst einsieht. Wie bei Laozi ist auch bei Zhuangzi die Gegenüberstellung von Natur und Kultur der Kernpunkt in der Auseinandersetzung mit Konfuzius' Lehre. Alles künstlich Geschaffene solle den Platz für das freimachen, was der inneren Natur des Menschen entspricht.

KONFUZIUS UND LAOZI

Der Konfuzianismus und der Daoismus sind die angestammten Lehren Chinas, welche die gesamte chinesische Kultur grundlegend geprägt haben. In der chinesischen Literatur wird berichtet, dass sich die Urväter dieser beiden Traditionen begegnet sind. Obwohl ein Zusammentreffen von Konfuzius und Laozi aus historischer Sicht äußerst unwahrscheinlich ist, ranken sich um diese Begebenheit zahlreiche Legenden. Auch in konfuzianischen und daoistischen Texten wird eine solche Begegnung erwähnt, freilich mit sehr unterschiedlichen Nuancen.

Die konfuzianischen »Schulgespräche« berichten in aller Kürze, Konfuzius habe Laozi besucht und ihm mitgeteilt, dass er selbst völlig nach dem rechten Weg, dem Dao, lebe. Allerdings sei das Dao im weiteren Rahmen schwierig zu verwirklichen, da kein Herrscher willig wäre, seine Dienste anzunehmen. Laozi entgegnete darauf, das Dao gehe nicht verloren, wenn man weiß, dass es weder gut ist, anderen zu raten, noch auf andere zu hören.[74]

Während hier beide Meister als gleichberechtigt dargestellt werden, lässt der daoistische Text »Zhuangzi« deutliche Kritik an Konfuzius verlauten. So heißt es dort, dass Laozi zunächst gar kein Interesse daran hatte, Konfuzius zu empfangen. Als sich dann doch ein Gespräch über die Tugenden entspinnt, disqualifiziert Laozi Konfuzius' Darlegungen als minderwertige Reden ab. Und er weist ihn darauf hin, dass das Leben im gesamten Kosmos eine natürliche Ordnung habe, die dem Dao entspräche. Insofern müsse Konfuzius einfach dem Dao folgen. Das Predigen der Tugenden sei etwas Künstliches und somit Verfehltes, wodurch Konfuzius die innere Natur der Menschen in Unordnung bringe.

Entstehen Legenden um eine Begebenheit wie diese, dann zeigt dies, dass sie im Volk als etwas ganz Besonderes erachtet wurde. Die philosophischen Texte zeichnen dagegen ein anderes Bild. Während in den »Schulgesprächen« das Treffen zwischen Konfuzius und Laozi wie nebenbei erwähnt wird, gewinnt es im Buch »Zhuangzi« weitaus größere Bedeutung. Die ausführliche Beschreibung dient dort allein der Widerlegung der Qualität der konfuzianischen Tradition, und das Gespräch zwischen Laozi und Konfuzius symbolisiert die kritische Auseinandersetzung des Daoismus mit dem Konfuzianismus.

VOM KAISERREICH ZUR MODERNE

Bis zum 20. Jahrhundert hatte die kritische Bewertung von Konfuzius und seiner Lehre jedoch niemals das gleiche Gewicht wie seine Verehrung. 2400 Jahre wurde das Ansehen des Meisters kaum hinterfragt. Er galt als ein vollkommener Mensch, als ein Heiliger. Doch mit der Beendigung des Kaiserreiches begann eine Periode sehr wechselhafter Konfuziusbilder, die zum Teil eine abgrundtiefe Verachtung des Konfuzianismus widerspiegelten.[75]

Ende des 19. und Anfang des 20. Jahrhunderts wurde im Rahmen der Reformbewegung unter Kang Youwei (1858–1928) der Versuch unternommen, den Konfuzianismus zu modernisieren. Kang Youwei interpretierte in die konfuzianischen Klassiker westliche Werte hinein, die seiner Meinung nach ursprünglich im Konfuzianismus vorhanden gewesen waren. In Konfuzius sah er einerseits einen demokratischen Reformer, andererseits einen Religionsstifter. Er strebte die Gründung einer konfuzianischen Kirche an, weil er glaubte, den Konfuzianismus auf diese Weise in die moderne Welt hinüberretten zu können, doch der Kaiserhof untersagte ihm dieses Vorhaben. Kang Youweis Ideen stießen nur bei seinen Anhängern auf Resonanz, verwirklichen konnte er sie nicht.

1911 wurde die chinesische Republik gegründet. Ihr Präsident Yuan Shikai strebte die Gründung einer neuen Dynastie an, in der er sich als Kaiser sah. Daher wandte er sich dem traditionellen Konfuzianismus zu, den er als Stütze für sein Vorhaben betrachtete. Auch führte er die offiziellen Opfer an Konfuzius wieder ein. Sein Tod im Jahr 1916 beendete alle Pläne.

Die folgende Zeit ist durch eine rigorose Kritik an Konfuzius und dem Konfuzianismus gekennzeichnet. China war politisch und moralisch zerrüttet, die eigenen Traditionen zerfielen, und westliche Ideen hielten Einzug. Viele Chinesen hatten im Ausland studiert und propagierten nun Freiheit, Gleichheit und Demokratie als die höchsten Werte. Der Konfuzianismus wurde für sie zum Sinnbild für ein politisches System, in dem Unterdrückung, Ungleichheit und Unfreiheit herrschen. Von Hu Shi (1891–1962), der in den USA ausgebildet worden war, stammen die berühmt gewordenen Worte »Nieder mit Konfuzius' Kuriositätenladen«, welche die Haltung vieler jungen Revolutionäre der 4.-Mai-Bewegung zu Konfuzius charakterisieren. Ein modernes China war ihrer Meinung nach mit dem Konfuzianismus unvereinbar.

Aus der 4.-Mai-Bewegung entstand eine einflussreiche Gruppe, die Konfuzius weder verdammen noch verherrlichen wollte. Die »Zweifler am Altertum« bemühten sich um Neutralität und setzten sich zum Ziel, die historisch belegbaren Fakten zu Konfuzius herauszuarbeiten und auf diese Weise ein objektives Konfuzius-Bild zu gewinnen.

Als Reaktion auf die Verdammung des Konfuzianismus und den Verfall der traditionellen Werte bildete sich eine weitere kulturelle Strömung. Konservative Gelehrte sahen im Verlust des Konfuzianismus den Verlust der kulturellen Identität Chinas. Sie wollten den traditionellen Konfuzianismus wieder ins Leben rufen, in der Hoffnung, dass das Land auf diese Weise eine ethische und geistige Richtschnur gewinnen würde. Daher setzte auch die Regierung 1931 Konfuzius' Geburtstag wieder als offiziellen Feiertag ein und befürwortete die konfuzianischen Werte nachdrücklich. In der breiten Bevölkerung konnten diese Bemühungen aber nicht mehr Fuß fassen.

Während der maoistischen Ära wies die Bewertung von Konfuzius und dem Konfuzianismus vielfältige Facetten auf. So war Konfuzius etwa für einige ein Reaktionär, für andere ein Revolutionär oder für wieder andere ein Reformer. Vor der Kulturrevolution im Jahr 1965 stieß Konfuzius auf reges Interesse, die Konfuzius-Forschung erlebte einen großen Aufschwung und es wurden zahlreiche Schriften publiziert.

Ob Konfuzius nun auf der Seite der aristokratischen Sklavenhalter oder auf der Seite der aufstrebenden Grundherrenklasse gestanden habe, war die zentrale Frage in den sechziger Jahren. Nach der Kulturrevolution wurde schließlich politisch entschieden, dass Konfuzius zu der Klasse der Sklavenhalter gehört habe. Der reaktionäre Konfuzius, der auf Unterdrückung aus ist, Böses im Sinn und ein heuchlerisches Wesen hat, ist das extrem negative Konfuzius-Bild, das öffentlich propagiert wurde, beispielsweise bei der Anti-Konfuzius-Kampagne zu Beginn der siebziger Jahre.

Sachlicher wurde die Konfuzius-Forschung erst wieder in der Periode nach Mao, in der sie zu neuer Blüte erstrahlte. Obwohl die Beurteilung von Konfuzius und seiner Lehre sehr unterschiedlich war, begann doch in weiten Kreisen ein Stolz zu entstehen, dass China einen so bedeutenden Mann hervorgebracht hat. Die Größe des eigenen kulturellen Erbes trat wieder ins Bewusstsein.

1984 wurde eine Konfuzius-Stiftung gegründet, zwei Jahre später die Zeitschrift »Konfuzius-Studien«. Seit über zehn Jahren finden regelmäßig wissenschaftliche Kongresse zu konfuzianischen Themen statt. Auch in der Politik beruft man sich zuweilen auf die alten konfuzianischen Werte, wenn es darum geht, Ordnung herzustellen, wie etwa nach den Ereignissen auf dem Platz des Himmlischen Friedens 1989.

Westliche Einflüsse werden heutzutage sehr intensiv von China aufgenommen. Gleichzeitig aber ist man bemüht, bestimmte konfuzianische Grundideen zu bewahren, da sie die kulturelle Identität Chinas seit mehr als 2500 Jahren wesentlich bestimmen. Die Anpassung an die Gemeinschaft oder Gruppe, die wichtiger als das Individuum ist, die Selbstbeherrschung, der Respekt vor Älteren und Höhergestellten oder der Glaube an die (Um-) Erziehbarkeit der Menschen sind nur einige Beispiele.[76]

Konfuzius selbst mag Thema wissenschaftlicher Studien sein, im Alltag findet er jedoch kaum mehr Beachtung. Auf die Frage, welche Bedeutung Konfuzius heute in China habe, erhält man von Chinesen oft die Antwort, dass die meisten Menschen Konfuzius eher gleichgültig gegenüberstünden und mit den konfuzianischen Schriften nicht vertraut seien. Allein etwa wenn ein Kind vorhabe zu studieren, gingen einige Eltern zu einem Konfuziustempel, um darum zu bitten, dass ihr Sohn oder ihre Tochter einen Platz an der Universität erhalte. Eine aufrichtige Konfuziusverehrung gebe es nicht mehr.

KONFUZIUS UND DIE WESTLICHE WELT

Konfuzius hat auf China und andere asiatische Länder, insbesondere auf Japan, großen Einfluss ausgeübt. Die westliche Welt hat er in kultureller Hinsicht nicht grundlegend beeinflusst. Aber er ist vor allem in Europa mit großem Interesse aufgenommen worden. Für die meisten westlichen Menschen symbolisiert Konfuzius die traditionelle chinesische Kultur. Assoziiert wird er vor allem mit einigen weisen Aussprüchen. Europäische Denker haben sich mit seiner Lehre auseinander gesetzt und sind dabei zu durchaus unterschiedlichen Einschätzungen gelangt. Die erste Begegnung zwischen Konfuzius und Europa ermöglichten jesuitische Missionare in China.

ERSTE BEGEGNUNG: DIE JESUITEN UND KONFUZIUS

Die Jesuitenmission in China begann Ende des 16. Jahrhunderts. Sie regte einen Austausch zwischen der chinesischen und europäischen Kultur an, der in beiden Kulturkreisen Spuren hinterlassen hat.[77]

Zu Beginn ihrer Missionstätigkeit kleideten sich die Missionare in buddhistische Roben, da sie glaubten, auf diese Weise die Chinesen für sich gewinnen zu können. Doch bald stellten sie fest, dass nicht der Buddhismus, sondern der Konfuzianismus die bestimmende Lehre Chinas war. So tauschten sie die Roben gegen die Tracht konfuzianischer Gelehrter aus. Als Gelehrte aus dem Westen angenommen zu werden erschien ihnen überdies vorteilhafter denn als Geistliche.

Zur damaligen Zeit bestanden zahlreiche konfuzianische Akademien, in denen Philosophen ihre Lehren verbreiteten und mit anderen diskutierten. Um es den Konfuzianern gleichzutun, errichtete Matteo Ricci (1552–1610) nach dem Bau einer Kirche keine weiteren Kirchen mehr, sondern ein »Haus zum Predigen«, denn als solches verstand er eine konfuzianische Akademie.

Vor allem Matteo Ricci versuchte, sich in die chinesische Kultur einzufühlen und sich ihr anzupassen, hauptsächlich wohl zum Zweck der Missionierung. Intensiv widmete er sich dem Studium der chinesischen Sprache und Schrift, die er nach drei Jahren ernsthafter Bemühung gut beherrschte. Er begann, mit der Hilfe einiger Schüler Werke über christliche und naturwissenschaftliche Themen in chinesischer Sprache zu publizieren. Am verbreitetsten war sein Buch »Die wahre Bedeutung des Herrn des Himmels«, das 1603 in China veröffentlicht wurde. Ricci behandelte dort christliche Glaubenssätze und versuchte, buddhistische und daoistische, teilweise auch konfuzianische Lehren zu widerlegen. Interessant ist, dass Ricci dieses Buch im Stil der »Gespräche« verfasst hat. Doch bei ihm sind die Dialogpartner ein christlicher und ein konfuzianischer Gelehrter. In der Rolle des Schülers stellt der Konfuzianer Fragen und bittet um Belehrung, die ihm der westliche Gelehrte, der Lehrer, sogleich zuteil werden lässt. Daoisten und Buddhisten kommen dabei sehr schlecht weg, die Konfuzianer um einiges besser. Denn Matteo Ricci war bestrebt, Übereinstimmungen zwischen Konfuzius' Lehre und dem Christentum zu finden und aufzuzeigen, um auf diese Weise den Chinesen das Christentum nahe zu bringen. Immer wieder flocht er in seine Werke Zitate aus den konfuzianischen Klassikern ein, um Ähnlichkeiten aufzuzeigen. Da die Kenntnis der Klassiker ein Zeichen von Gelehrsamkeit war, gewann Matteo Ricci auf diese Weise auch Hochachtung in der chinesischen Gelehrtenwelt.

Etwa ein Jahrhundert dauerte eine gemeinsame Übersetzungsarbeit jesuitischer Missionare, die im Jahr 1687 in Paris unter dem Titel »Confucius Sinarum philosophus« veröffentlicht wurde. Dieses Werk enthält neben drei anderen konfuzianischen Büchern die erste Übersetzung der »Gespräche« in eine westliche Sprache.[78] Ein Jahr später formte der Gelehrte Louis Cousin (1627–1707) die vier Texte allgemeinverständlich um, kürzte sie und übersetzte sie ins Französische. In der Einleitung zu seinem Buch »La Morale de Confucius, philosophe de la Chine« erging er sich in großem Lob über Konfuzius und dessen moralische Philosophie, die er als tiefgründig und gleichzeitig einfach, als sensibel und aus den reinsten Quellen der Vernunft entspringend charakterisierte.

Cousin schuf ein Idealbild von Konfuzius und entfachte damit eine Begeisterung für ihn. Er wie auch andere Gelehrte stellten vor allem das Element der Vernunft (ratio) in Konfuzius' Lehre heraus. Der Gedanke, dass Moral aufgrund natürlicher Vernunft entstehen kann und keiner autoritären Kirchenlehre bedarf, war in der Zeit der Aufklärung eine wichtige Idee.

Christian Wolff (1679–1754), ein Philosoph der deutschen Aufklärung, betrachtete die konfuzianische ethische Lehre als Paradebeispiel dafür, dass es möglich ist, Tugendhaftigkeit auch ohne die göttliche Offenbarung allein durch natürliche Vernunft zu entwickeln. Als er 1721 an der Universität zu Halle dieses Thema in seiner »Rede von der Sittenlehre der Chineser« behandelte, hatte er schwere Konsequenzen zu tragen. Er wurde als Atheist abgestempelt, verlor seine Professur, und König Friedrich Wilhelm I. verwies ihn aus Preußen.[79]

Angemerkt sei, dass die europäische Überbetonung der Vernunft in den »Gesprächen« auf einem Übersetzungsfehler beruhte. In dem lateinischen Text, auf den sich die damaligen Gelehrten stützten, hatten die Jesuiten den chinesischen Begriff mingde, »helle Tugend« oder »die Tugend erhellen«, mit rationalis natura, »vernünftige Natur«, übersetzt.

Die Jesuiten waren nicht nur die Vermittler der chinesischen Kultur, sondern auch deren Hauptinterpreten. »De Christiana Expeditione«, eine gekürzte Fassung von Riccis Tagebuchaufzeichnungen, erschien 1615 und prägte das europäische Chinabild grundlegend. So wurde etwa die konfuzianische Staatsführung idealisiert, aber die Intrigen der Eunuchen am Hof mit keinem Wort erwähnt. Die Jesuiten protegierten ein Chinabild, das sich vor allem im 17. Jahrhundert in einer Bewunderung für China ausdrückte.

KONFUZIUS BEI WESTLICHEN DICHTERN UND DENKERN

Das Interesse an der chinesischen Kultur und an Konfuzius verbreitete sich rasch in der Gelehrtenwelt Europas. Der erste bedeutende Philosoph, der sich gewissenhaft mit der Kultur Chinas auseinander setzte, war Gottfried Wilhelm Leibniz (1646–1716). Er hegte große Sympathie für die chinesische Philosophie und Staatskunst. Die höchste Kultur und die höchste technische Zivilisation der Menschheit seien in China und in Europa anzutreffen, sagte er. Angesichts des moralischen Verfalls in Europa sei es seiner Ansicht nach fast notwendig, dass die Chinesen Missionare nach Europa entsenden, um die Europäer in der Praxis einer natürlichen Theologie zu unterrichten.[80]

Die große Verehrung, die China von den Europäern im 17. Jahrhundert entgegengebracht wurde, begann im 18. Jahrhundert zu schwinden. So schrieb Cornelius de Pauw 1774 in »Philosophische Untersuchungen über die Aegypter und die Chineser« über die konfuzianischen Schriften, diese bestünden aus unbedeutenden Lehrsätzen, die beim Leser einen ganz unausstehlichen Widerwillen hervorrufen würden.[81]

Bei der Bewertung der chinesischen Kultur einen Mittelweg zu finden zwischen übertriebenem Lob und harschem Tadel forderte Johann Gottfried Herder (1744–1803). Ungeachtet dessen nahm er selbst auf polemische Weise eine sehr negative Einschätzung vor. Die Ausübung der Pietät, die in China stets von großer Bedeutung war, kritisierte er mit den folgenden Worten:

> Als in ihm [dem chinesischen Staat] der kindliche Gehorsam keine Gränzen fand, indem man dem erwachsnen Mann, der selbst Kinder und männliche Geschäfte hat, dieselbe Pflicht auflegte, die nur dem unerzognen Kinde gebührte; ja als man diese Pflicht auch gegen jede Obrigkeit festsetzte, die doch nur im bildlichen Verstande durch Zwang und Noth, nicht aber aus süßem Naturtriebe den Namen des Vaters führet: was konnte, was musste daher anders entstehen, als dass, indem man Trotz der Natur ein neues menschliches Herz schaffen wollte, man das wahre Herz der Menschen zur Falschheit gewöhnte?[82]

Auch Immanuel Kant (1724–1804) hat sich mit den Religionen der Chinesen, mit ihren Anschauungen über die Natur und mit ihrer Morallehre auseinander gesetzt. Letztere kritisierte er deutlich. Die Lehren von Konfuzius verstand er als allein für Fürsten entworfen, und ein tatsächliches Verständnis von Tugend und Sittlichkeit sprach er den Chinesen ab.

> Zu dem, was edel und Pflicht ist, sich zu erheben, ist diese Nation ganz unfähig, und die ganze Moral des

Konfuzius besteht aus Sittensprüchen, die unerträglich sind, weil sie ein jeder herplappern kann. Zur Idee und zu Triebfedern des Guten zu gelangen, werden Studien erfordert, wovon sie nichts wissen.[83]

Seit der Zeit der Aufklärung war Karl Jaspers (1883–1969) der einzige Philosoph, der sich ernsthaft mit Konfuzius auseinander setzte. Neben Sokrates, Buddha und Jesus zählte er Konfuzius zu den maßgebenden Menschen der Weltgeschichte. Feinfühlig ging er auf die Lehren des Konfuzius ein, auf das, was er sagte, aber auch auf das, worüber er sich zu sprechen hütete. Da Konfuzius kaum über mystische Dinge oder Grenzbereiche wie den Tod redete, wurde er nicht selten als Rationalist bezeichnet. Jaspers dagegen sah in solcher Zurückhaltung eine Einstellung, die der Natur dieser Themen gerecht wird. Denn es ist seines Erachtens unmöglich, über Metaphysisches gegenständlich zu sprechen. Er charakterisierte die Haltung von Konfuzius als »Betroffenheit, die das Berührte nicht in ein Scheinwissen verkehren, es nicht im Gesagten verlieren will.«[84]

Karl Jaspers beurteilte Konfuzius sehr positiv. Ein zentraler Gedanke in Konfuzius' Lehre war die Rückkehr zur Tradition des Altertums und deren Wiederbelebung. In China wie auch in Europa wurde dieser Idee häufig die Ansicht entgegengestellt, dass es wichtiger sei, etwas Neues, der jeweiligen Zeit Gemäßes zu suchen. Karl Jaspers fand in dieser Frage seinen ganz eigenen Standpunkt:

Diese Weise des Alten war selber etwas Neues. Was wirklich gelebt und getan wird, das ist, zum Bewusstsein gebracht, verwandelt. Weiß es um sich, dann ist es nicht mehr naiv. Ist es bloße Gewohnheit geworden, kommt in sie durch das Wissen ein bewegender und zugleich verläßlicher Charakter. Ist es vergessen, wird es wiedererinnert und wiederhergestellt. Aber wie es auch verstanden wird, es ist als Verstandenes nicht mehr dasselbe.[85]

Zum Schluss sei neben den Denkern auch ein Dichter angeführt. Hermann Hesse war die chinesische Geisteswelt nicht fremd, als er die »Gespräche« las, sein erstes konfuzianisches Buch. Die Lektüre erschien ihm nicht leicht, vielmehr wie fremde Luft, die er atmete. Ungeachtet dessen betrachtete er die intensive Beschäftigung mit diesem Text als Bereicherung und als Übung:

Denn das nötigt uns dazu, unsere eigene individualistische Kultur auch einmal nicht als selbstverständlich, sondern im Vergleich mit ihrem Widerspiel zu betrachten. Und dabei bleibt es nicht, sondern es entsteht im Lesenden manchmal für Augenblicke die seltsam aufleuchtende Vorstellung der Möglichkeit einer Synthese beider Welten.[86]

AUSBLICK

Was kann Konfuzius für uns heute bedeuten? Ist er das Sinnbild einer fremden Welt, die vielleicht einige Menschen interessiert, die aber im Allgemeinen mit unserem Leben nichts zu tun hat?

Konfuzius zeigte wesentliche Konstanten des Lebens auf, die kulturelle Grenzen überschreiten und etwas tief Menschliches zur Sprache bringen. Besonders wichtig war ihm die Entfaltung der Tugendhaftigkeit. Zu den Tugenden zählte er die Achtung vor alten Menschen, die Güte und die Vertrauenswürdigkeit. In heutigen Ohren klingt das Wort »Tugend« recht verstaubt. Doch dahinter stehen Grundwerte, die ihren Sinn niemals verlieren werden. Es ist erstaunlich, dass wir 2500 Jahre nach Konfuzius' Tod durch ihn auf diese wieder aufmerksam werden. Was Konfuzius lehrte, regt auch heute zum Nachdenken, zum Nachleben an. Das, was er uns vermittelt, gilt es wirklich zu »lernen«. Und lernen in seinem Sinne bedeutet, sich das überlieferte Wissen anzueignen und es im eigenen Leben zu praktizieren.

ANMERKUNGEN

[1] Eine Übersetzung dieser Biographie ist bei Ernst Schwarz, 1985, S. 135–169, zu finden.

[2] *Gespräche* 9.6.

[3] S. a. Gu, 1999, S. 27.

[4] S. a. Gu, 1999, S. 29–30.

[5] *Gespräche* 9.5.

[6] *Gespräche* 9.17.

[7] *Gespräche* 15.1.

[8] *Historische Aufzeichnungen*, Kap. 47.

[9] *Gespräche* 2.4.

[10] *Gespräche* 7.8.

[11] *Gespräche* 7.19.

[12] *Gespräche* 8.17.

[13] *Gespräche* 5.19.

[14] *Gespräche* 5.20.

[15] *Gespräche* 7.25.

[16] *Gespräche* 2.11.

[17] *Gespräche* 11.22.

[18] *Gespräche* 7.22.

[19] *Gespräche* 4.25.

[20] *Gespräche* 6.3.

[21] *Gespräche* 6.9.

[22] *Gespräche* 11.10.

[23] *Gespräche* 11.9.

[24] *Gespräche* 5.9.

[25] *Gespräche* 7.38.

[26] *Gespräche* 14.29.

[27] *Gespräche* 9.10.

[28] *Gespräche* 8.8.

[29] *Historische Aufzeichnungen*, Kap. 47.

[30] *Gespräche* 11.12.

[31] Elias Canetti: *Die gespaltene Zukunft. Aufsätze und Gespräche*. München 1972, S. 44–45.

[32] *Gespräche* 7.34.

[33] *Gespräche* 4.8.

[34] Eine Auseinandersetzung mit dieser Frage ist u. a. in folgenden Büchern zu finden: Julia Ching, Hans Küng: *Christianity and Chinese Religions*. New York: Doubleday 1989; Xuewu Gu: *Konfuzius zur Einführung*. Hamburg: Junius 1999, S. 38–45, Rodney L. Taylor: *The Religious Dimensions of Confucianism*. Albany, N.Y.: State University of New York Press 1990.

[35] *Gespräche* 15.8.
[36] Zur Übersetzung des Begriffes *ren* durch »Mitmenschlichkeit« s. a. Xuewu Gu, 1999, S. 61–62.
[37] *Gespräche* 12.22.
[38] *Gespräche* 15.23.
[39] *Gespräche* 4.6.
[40] *Schulgespräche*, Kap. 27.1, zitiert nach Wilhelm, 1961, S. 113.
[41] *Gespräche* 17.11.
[42] *Gespräche* 4.16.
[43] *Gespräche* 4.10.
[44] *Gespräche* 2.17.
[45] *Gespräche* 14.30.
[46] *Gespräche* 2.22.
[47] *Gespräche* 2.7.
[48] *Gespräche* 1.14.
[49] *Gespräche* 15.22.
[50] *Gespräche* 14.45.
[51] *Gespräche* 13.3.
[52] *Gespräche* 12.11.
[53] *Gespräche* 4.7.
[54] *Gespräche* 12.18.
[55] *Gespräche* 4.25.
[56] *Gespräche* 12.19.
[57] *Gespräche* 13.12.
[58] *Gespräche* 15.32.
[59] *Gespräche* 13.13.
[60] *Gespräche* 13.11.
[61] *Gespräche* 2.1.
[62] *Gespräche* 7.16.
[63] Eine kritische Beurteilung dieser Theorie ist bei Schwarz: *Die Weisheit des alten China*. München 1994, S. 201–202, zu finden.
[64] Zitiert nach Schwarz, 1994, S. 206.
[65] *Gespräche* 17.19.
[66] Übersetzt nach James Legge: *Book of Rites*. New York: University Books vol. 1, S. 244.
[67] *Buch der Urkunden*, Kapitel 9, Buch der Shang.
[68] *Mengzi*, Buch 3. S. a. Helwig Schmidt-Glintzer, 1990, S. 51.
[69] Zu dieser Thematik s. a. Hans Stumpfeldt: »Konfuzius und der Konfuzianismus – was sie waren, was sie wurden, und was sie heute sollen und können«. In: Krieger, Silke, Trauzettel, Rolf, (Hg.), 1990, S. 29–40.
[70] Wolfgang Bauer: *China und die Hoffnung auf Glück*. München: Deutscher Taschenbuch Verlag 1989, S. 84.
[71] Tschepe, P. A.: *Heiligtümer des Konfuzianismus in K'ü-fu und Tschou-Hien*. Jentschoufu: Druck und Verlag der Katholischen Mission 1906, S. 30.
[72] Zitiert nach Helwig Schmidt-Glintzer: *Mo Ti. Von der Liebe des Himmels zu den Menschen*. München: Diederichs 1992, S. 218.
[73] *Daodejing*, Vers 19.

[74] Vgl. Richard Wilhelm, 1961, S. 65–66.

[75] Zu Folgendem vgl. Brunhild Staiger: »Das Konfuzius-Bild in China«. In: Krieger, Silke, Trauzettel, Rolf (Hg.), 1990, S. 138–147.

[76] Zu den Wirkungen des Konfuzianismus in der heutigen chinesischen Gesellschaft vgl. Oskar Weggel: *China im Aufbruch. Konfuzianismus und politische Zukunft*. München: Beck 1997.

[77] Zum Chinaverständnis zur Zeit der Jesuiten vgl. Hartmut Walravens: *China illustrata. Das europäische Chinaverständnis im Spiegel des 16. bis 18. Jahrhunderts*. Weinheim: VCH Verlagsgesellschaft 1987.

[78] Vgl. David E. Mungello: *Curious Land: Jesuit Accomodation and the Origins of Sinology*. Wiesbaden, Stuttgart: Franz Steiner Verlag 1985, S. 247–299.

[79] Die Rede von Christian Wolf kann bei Hsia, 1985, S. 42–72, nachgelesen werden.

[80] Vgl. Georg Wilhelm Leibniz: Vorwort zu *Novissima Sinica*, herausgegeben, übersetzt, erläutert von Heinz Günther Nesselrath und Hermann Reinbote. Köln: Deutsche China Gesellschaft 1979, S. 7–31.

[81] Vgl. Walravens, 1987, S. 210.

[82] Zitiert nach Hsia, 1985, S. 127. Die Quelle für diesen Aufsatz ist: Johann Gottfried Herder: *Ideen zur Philosophie der Geschichte der Menschheit*, 3. Teil. Riga und Leipzig 1787, 11. Buch, S. 1–25.

[83] Zitiert nach Helmuth von Glasenapp: *Kant und die Religionen des Ostens*. Kitzingen-Main: Holzner-Verlag 1954, S. 103–104.

[84] Jaspers, 1999, S. 80.

[85] Ders., S. 63.

[86] Zitiert nach Adrian Hsia: *Hermann Hesse und China*. Frankfurt am Main: Insel 1974, S. 105.

KARTE I:
CHINA ZUR ZEIT VON KONFUZIUS

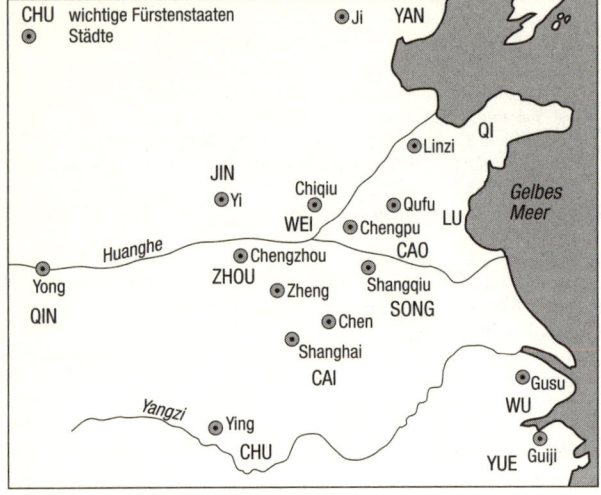

KARTE II:
CHINA HEUTE

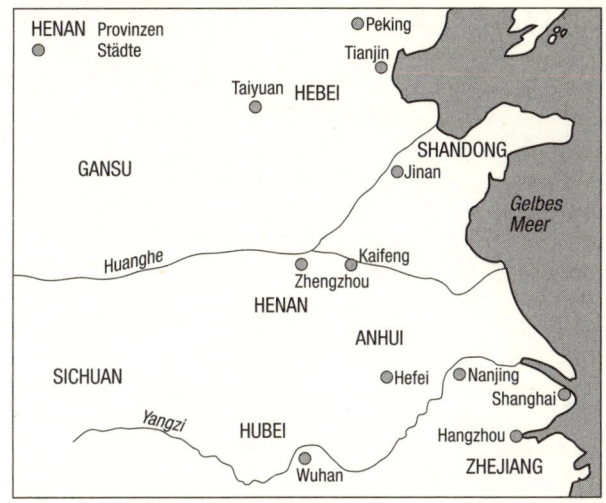

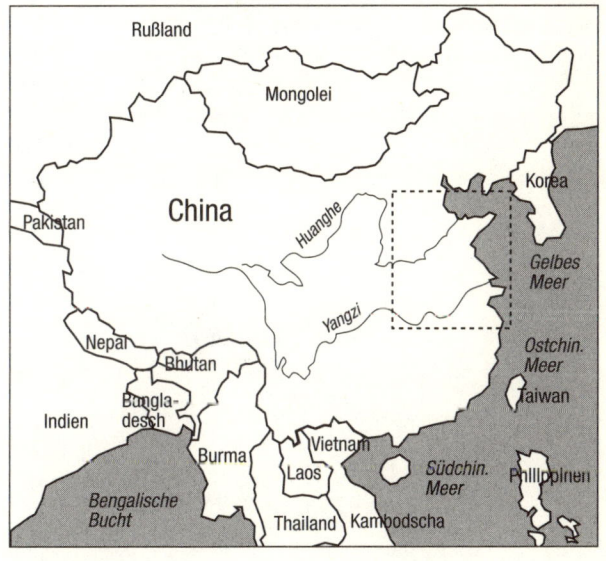

TABELLE:
DIE CHINESISCHEN
DYNASTIEN

Xia (legendär)	2205–1766 v. Chr.
Shang (oder Yin)	1766–1122
Zhou	
Westliche Zhou	1122–770
Östliche Zhou	770–221
Qin	221–206
Han	
Westliche Han	206 v. Chr.–24 n. Chr.
Östliche Han	24–220
Zeit der Drei Reiche	220–265
Jin	265–420
Nord- und Süddynastien	420–589
Sui	589–618
Tang	618–907
Fünf Dynastien und Zehn Reiche	907–960
Song	960–1280
Yuan	1280–1368
Ming	1368–1644
Qing	1644–1911
Republik	1911–1949
Volksrepublik	ab 1949

LITERATUR

CHINESISCHE KULTUR UND LITERATUR ALLGEMEIN

Grießler, Margareta: *China. Alles unter dem Himmel*. Sigmaringen: Thorbecke 1995.

Schmidt-Glintzer, Helwig: *Geschichte der chinesischen Literatur*. Bern, München: Scherz 1990.

Schwarz, Ernst: *Die Weisheit des alten China*. München: Kösel 1994.

KONFUZIUS UND DER KONFUZIANISMUS

Ching, Julia: *Confucianism and Christianity*. Tokyo: Kodansha International 1977.

Gu, Xuewu: *Konfuzius zur Einführung*. Hamburg: Junius 1999.

Jaspers, Karl: *Die maßgebenden Menschen. Sokrates, Buddha, Konfuzius, Jesus*. München: Piper 1975 (9. Auflage 1999).

Kenji, Shimada, Übelhör, Monika: *Die Neo-Konfuzianische Philosophie: Die Schulrichtungen Chu-Hsis und Wang Yang-mings*. Hamburg: Deutsche Gesellschaft für Natur- und Völkerkunde Ostasiens 1979.

Krieger, Silke, Trauzettel, Rolf (Hg.): *Konfuzianismus und die Modernisierung Chinas*. Mainz: v. Hase & Koehler 1990.

Hsia, Adrian: *Deutsche Denker über China*. Frankfurt am Main: Insel 1985.

Moritz, Ralf: *Konfuzius. Gespräche*. Leipzig: Reclam 1982.

Roetz, Heiner: *Konfuzius*. München: C. H. Beck 1995.

Schwarz, Ernst: *Konfuzius. Gespräche des Meisters Kung (Lun Yü)*; München: Deutscher Taschenbuch Verlag 1985.

Wilhelm, Richard: *Kungfutse. Gespräche. Lun Yü*. Jena: Diederichs 1921, München 8. Aufl. der Neuausgabe 2000.

Wilhelm, Richard: *Kungfutse. Schulgespräche*. Düsseldorf–Köln: Diederichs 1961, München 2. Aufl. der Neuausgabe 1997.

Wu, Yao-Yü: *The Literatry Tradition in Chinese Thought*. Los Angeles: Ethnographics Press 1995.

ZUR AUTORIN

Martina Darga, geboren 1962, studierte in Nimwegen/Niederlande Psychologie und in München Sinologie, Völkerkunde und Psychologie. Seit mehreren Jahren ist die promovierte Sinologin als freie Redakteurin, Dozentin und Autorin sowie in der Erwachsenenbildung tätig, unter anderem beim Bayerischen Rundfunk, bei der Volkshochschule München und an der Ludwig-Maximilians-Universität München. Ihre thematischen Schwerpunkte sind Kulturgeschichte, Spiritualität und die Religionen Asiens und Europas. Bei Diederichs veröffentlichte sie »Das alchemistische Buch von innerem Wesen und Lebensenergie« (1999).